니체,
강자의
철학

니체,
강자의
철학

**파괴는
진화의 시작이다**

민이언 지음

différance

삶의 사관학교로부터

나를 죽이지 못한 것은
나를 더욱 강하게 만든다

깨져야 깨친다

철학자의 표상인 철학자들, 그 대표성으로서의 니체이기도 하지 않을까? 대중에게 익숙한 이름은 철학계에서의 활용도를 방증하기도 한다. 서양 철학사는 플라톤의 각주에 불과하다던 화이트헤드의 어록이 많이 회자되지만, 현대철학은 니체의 세포분열이라고 봐도 무방하다. 자타공인 니체의 계보인 들뢰즈는, 현대철학은 대부분 니체의 덕으로 살아왔고 여전히 니체의 덕으로 살아가고 있다고 말하기까지 했다.

"단일한 니체는 없으며, 우리의 질문은 니체를 어떻게 진지하게 써먹을 수 있는가가 되어야 한다."

푸코의 말처럼, 니체를 베이스캠프로 삼는 현대 철학자들에게는 각자의 니체가 존재한다. 철학자들 각자의 양분으로 흩어진 니체의 다면성 중 무엇에 더 비중을 두는가의 차이가 푸코와 들뢰즈의 차이이기도 하다.

철학에 관심이 없는 이들이 철학을 바라보는 이미지, 결국엔 이런 의미인 말을 왜 저렇게까지 어렵게 하는가에 관한 것. 그러나 니체가 사용하는 언어 자체는 그렇게 어렵지 않다. 또한 '금언의 철학자'라는 수식만큼이나 멋있는 어록들도 넘쳐난다. 이런 접근성이 니체로부터 철학에 관심을 갖게 되는 이들이 많은 이유이기도 할 것이며, 나도 그런 경우다.

하지만 온전한 이해도 만만치 않은 철학이다. 니체가 자평하기론 '읽히지 않는' 글을 썼다. 이 말은 니체의 글을 이해하기 위해선 먼저 읽을 수 있는 능력을 구비해야 한다는 의미다. 그 능력이란, 삶으로 겪고 이해한 지평이다. 그는 『차라투스트라는 이렇게 말했다』를 '모든 사람을 위한, 그러면서도 그 어느 누구를 위한 것도 아닌 책'으로 소개한다. 니체는 자신의 글을 읽는 독자에게 먼저 자격을 요구한다.

나의 야심은 다른 사람들이 책 한 권으로 말하는 것을 열 문장으로 말하는 것이다. 다른 사람들이 한 권의 책으로도 말하지 않는 것을….

니체는 자신이 아포리즘과 잠언에 있어서 '독일인 중에 최초의 대가'라고 말한다. 그의 말처럼, 한 권의 책을 열 문장에 담아서인지는 몰라도, 글에 담긴 함축과 상징을 이해하기가 쉽지만은 않다.

니체는 험준한 산을 오르는 듯한 과정에 비유하기도 한다. 그의 글은 산 정상에 있다. 일단은 그곳까지 오른 후에야 이해도 가능하다. 산을 오르는 여러 길과 각자의 선택이 있다. 같은 산을 오르고 있지만, 각자가 보고 있는 풍경은 다 다르다. 그러나 그모두가 니체다. 같은 이유에서 니체는 철학을 '해석'이라고 정의했다.

산 입구에서 파는 산의 안내지도를 받아 드는 것으로 그 산을 다 이해할 수는 없지 않겠는가? 힘들어도 산을 직접 한 번 올라가 보는 것. 그리고 그 산 위에서 산이 아닌 곳을 바라보기도 하는 것. 그가 왜 그런 철학을 말했는지, 그의 철학을 자신의 삶으로 겪어 보면서 그의 시선이 되어 보는 것. 그가 보았던 것과는 다른 것을 바라볼 수 있는 경험까지가 철학이지 않을까? 지식 이상의 것은 아닌 철학을 니체는 싫어했다.

+·— --· ◆· —·· —· +

"외국어를 모르는 사람은, 자기 나라 말에 대해서도 무지하다."
니체가 인용한 괴테의 말이다. 영어 조기 교육을 옹호하는 이야기로 비춰질까 조심스럽기도 한 어록이지만, 아마도 외국어 전공자들은 다 공감하는 말일 게다.

『잃어버린 시간을 찾아서』의 독일어 번역자이기도 한 발터 벤야민의 설명을 빌리자면, 모국어는 태어나면서부터 습관화되는 체계이기에 반성적 거리를 확보할 수 없다. 외국어를 공부하다 보면, 도리어 국어의 문법이 선명해질 때가 있다. 그래서 외국어 전공자들 중에서도 언어 감각이 보다 섬세한 경우엔, 문법적 논리로는 국어 전공자들에게도 안 진다.

니체는 이 언어의 예로써 무의식까지 관습화시키는 체계에 대해 지적한다. 왜 그래야 하는지, 왜 그러면 안 되는지에 대한 질문을 던지지 않는 것. '원래 그런 것'이라는 대답으로 살아가는 태도는 일종의 체념이다.

체계를 '고결함의 결여'라고 말했던 니체인지라, 그의 철학은 체계가 없기로도 유명하다. 하지만 역설적으로 니체의 주제는 한결같다. 틀에서 벗어날 것. 한계 지우지 말 것. 니체는 기존과 기성과 기득의 권리를 인정하지 않는다. 그것들을 깨뜨리고 나아가 그것들로부터 자유로워질 수 있는 상태, 스스로 삶의 입법자가 될 수 있는 조건을 '강자'라고 말한다.

敝則新(폐즉신), 해지면 새로워진다.

서양철학을 공부하다 보면 그전까지 잘 이해가 되지 않던 동양철학의 문장들이 문득 이해가 되어 버리는 때가 있다. 꽤 오래도록 이『도덕경』의 구절이 잘 이해가 가지 않았다. 그런데 니체의 글들을 읽어 보니 그토록 쉽게 이해되는 의미였다. 진부한 것을 알면서도 새로워지지 못하는 이유는, 그 진부함을 안정성이라고 믿기 때문이다. 어쩔 수 없이 맞이하게 되는 무너짐 앞에서 차라리 새로운 길을 모색하는 도전이 쉬워진다. 무너졌기에 그동안 가려져 있던 것들을 볼 수 있는 시야도 확보가 되는 것. 그렇듯 타인의 영역으로부터 내 전공을 다른 시각으로 해석해 볼 수 있는 지평을 습득하기도 하며, 타인의 영역에서 내 전공이 완숙해지는 시간을 경험하기도 한다.

나는 동양학 전공자다. 순전히 우연이었다. 동네 구립 도서관에서 집어 든 니체의 잠언집 한 권으로 인해 인생의 경로가 바뀌었다. 비할 수는 없지만, 니체가 헌책방에서 우연히 쇼펜하우어의『의지와 표상의 세계』를 발견한 순간에 빗댈 수 있을까? 니체로 제자백가를 해석한 학위논문을 작성하면서 시작된 여정은, 동양학의 봇짐을 둘러메고 니체를 방향타 삼아 여간한 서양철학들을 다 둘러볼 수 있는 시간이 되어 주었다.

이젠 그 여정들을 다시 돌아보는 입장에서의 결론은 왜 니체가 현대철학의 기점인지에 관해서이다. 기점이지만, 나중으로 갈수록 그 의미가 계속 새삼스러워지는 최후의 철학자이기도 하다.

동양학 전공자의 관점에서 풀어내는 서양철학이 새로운 시각일 수 있지만, 서양철학 전공자는 아니기에 전문성에 대한 강박이 있었던 듯하다. 가장 어려운 작업은 덜어 내는 것이었다. 편집자의 입장이기도 하기에, 저자분들과도 가끔씩 나누는 대화의 주제이지만, 정작 작가로서 임할 때는 덜어 내기가 쉽지 않다. 몇 번을 읽으면서 취합한 자료이다 보니 아깝기도 하고…. 몇몇 페이지는 이미 절판된 졸저의 내용을 다시 각색해서 담았다. 별 반향이 없었기에 절판이 된 것이긴 하지만, 아쉬운 마음에 다시 한번 선보이고 싶었다. '너무 많은 걸 담으려 하는 건 아닐까?' 자문하면서, 다시 볼 때마다 조금씩이라도 덜어 낸 결과물이다.

◆— ·◆· —◆◉◆— ·◆· —◆

"아리스토텔레스가 살았다, 그리고 아리스토텔레스가 죽었다, 이제부터 아리스토텔레스의 철학에 대해 이야기해 보기로 하겠다."

하이데거가 아리스토텔레스에 관한 첫 강의를 시작할 땐, 항상 이런 식의 말을 먼저 학생들에게 건넸단다. 그 철학자가 어디서 태어났고, 어떻게 살았으며, 언제 죽었는지에 관한 전기(傳記)보단 그 철학자가 어떤 사유를 했는지가 더 중요하다는 의미다.

이 책에도 니체에 관한 전기적 에피소드는 최소화되어 있다. 대신에 그의 사유에 영향을 미친, 혹은 그의 사유가 영향을 끼친 인문적 지식을 함께 배치했다. 다채로움을 의도했으나, 보는 이에 따라서 산만한 구성은 아닐까 걱정도 된다. 구성의 복잡도를 줄이고자 니체의 어록은 다른 색으로 표기했다. 다른 철학자들의 어록들도 많아서 출처가 되는 구체적인 저서 이름은 생략했다. 체계를 거부했던 니체의 성향으로 변명하자면, 니체의 책들이 이런 구성이긴 하다.

니체의 키워드라고 할 수 있는 것들은 다 담으려고 했지만, 이한 권으로 니체의 전부를 이야기할 수는 없다. 우리나라에도 니체에 관해 심도 있게 설명하시는 철학자분들이 많다. 그중에서도 재미까지 겸비한 철학자를 추천하자면 단연 고병권이다. 니체에 있어서는 아직도 이만한 분이 없다. 내게도 이 철학자의 저서들이 길라잡이였다.

❖━◦━◦❖◦━◦━❖

부제인 '파괴는 진화의 시작이다'는 〈에반게리온〉의 슬로건을 빌렸다. 망언을 쏟아 낸 캐릭터 디자이너가 나쁜 놈이긴 한데, 작품이 그의 전유물인 것도 아니거니와 안노 히데아키 감독이 그 디자이너와는 손절을 했다고 하니, 그 상징성만 들어 쓴 것에 독자분들의 양해를 바라며…. 아무리 생각해도, 니체의 디오니소스적 몰락과 파멸을 대리할 만한 문구로 이만한 게 없었다.

혹시나 하는 마음에 부연하자면, ─이러다가 글이 길어지는 것이기도 하다.─ 적응해 살아남은 종이 '우월한 평균치'로 정당화가 된다는 점에서, 니체는 다윈도 비판한다. 적응할 수 있는 환경은 우연적이다. 그 종이 우월해서가 아니라, 다른 종에게 맞지 않아서일 수가 있는 것. 적응의 능력치가 아닌 적응의 조건이 서로 다른 경우, 때문에 그것이 '진화'의 방향성이라고 할 수는 없다.

다윈 자신도 '진화'라는 말을 선택할 때, 딱히 표현할 말이 그 것밖에 없었을 뿐이라면서, 이 점을 경계했다. 부제는 단지 '우리의 오늘의 규칙을 폐기하는 것이 우리의 미래다'라는 니체의 어록을 염두에 둔 경우다.

우연에 대처하는 우리들의 자세

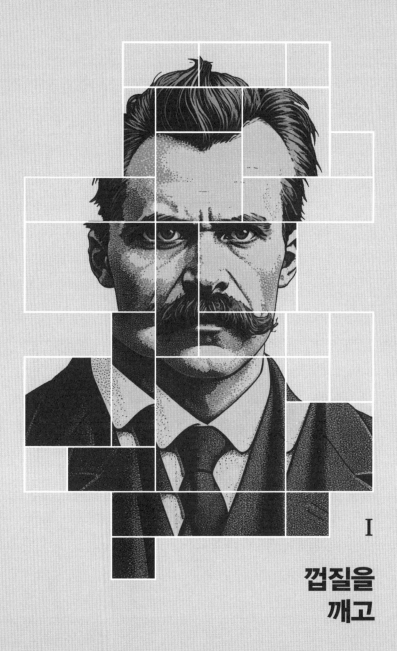

I

**껍질을
깨고**

멈춰라! 생각하라!

신화는 당대 민중의 의식 체계가 반영되는 스토리텔링이기에, 민중의 의식에 변화가 일어나면, 신화의 구성과 서사도 바뀌게 된다. 바라트 민족의 통합 과정에서 힌두교가 인도의 정신으로 자리 잡게 되면서, 우파니샤드의 구질서였던 인드라는 비슈누와 시바에 밀려 그 존재감이 작아졌지만, 불교 쪽으로 수용이 되어 불법을 수호하는 제석천(帝釋天)으로 거듭난다. 인드라의 무기는 '금강저(金剛杵)'이다. 그의 금강저로부터 쏟아져 나오는 번개가 바로 『금강경(金剛經)』의 상징적 주제이며, 번개에 맞은 듯한 '각성'을 의미한다.

구질서의 어떤 인습도 인정하지 않았던 니체 역시 그 각성의 순간을 번개에 비유하곤 했다. 어두운 하늘과 비바람이 잉태하는 빛, 이는 몰락과 파멸을 통해 열어젖히는 새로운 시간을 상징한다. 니체의 긍정은 절망까지 끌어안는다. 변화의 의지만 가지고서는 결코 새로운 미래가 도래하지 않는다. 변화의 의지 속에도 결코 변할 줄 모르는 관성이 남아 있기 마련, 그 관성을 주저앉히는 사건이 도래한 이후에야 어제를 폐기하며 내일로 나아간다. 그런 사건으로서 맞닥뜨리는 번개이기도 하다.

나는 번개의 예고자이며, 구름에서 떨어지는 무거운 물방울이다. 이 번개야말로 초인이다.

나의 때는 아직 오지 않았다. 이 엄청난 사건은 아직 길 위에 있고 배회 중에 있다. 그것은 아직 인간의 귀에 도달하지 못했다. 번개와 천둥도 시간이 필요하다. 별빛도 시간이 있어야 한다.

소크라테스의 별명 중 하나가 '전기가오리'였다. 이는 타성에 젖은 삶에 충격을 준다는 함의다. 단순히 의식이 있는 상태와 사유하고 있는 상태는 다르다. 사유는 각성을 동반한다.

우리의 일상은 관성의 시간으로 흘러간다. 타성에 젖은 인식 체계에 각성의 순간이 도래할 때, 일상의 순간은 멈춘다. 그 생각에 골몰하게 되면서, 일상으로부터 한 걸음 뒤로 물러나 과연 이것이 정당한 것인가라는 질문을 던지게 된다. 지젝의 책 제목으로 대신하자면, 멈춰라! 생각하라!

아렌트가 아이히만에게 따져 물은 '생각하지 않은 죄'도 이런 맥락이다. 군인으로서 상부의 명령을 따라야 하는 생활체계, 그 인식의 근거로부터 반성적 거리를 두지 않았다는 것. 아무리 군인이라도 명령의 부당함을 판단하지 못한다는 건, 사유가 작동하지 않는 것이다. 그저 안위와 욕망의 체계를 따를 뿐이다.

아이히만이 특별한 경우인 것도 아니고, 우리는 다 그런 '평범함'을 지니고 있다. 반성의 거리를 가져 본다는 게 말처럼 쉬운 일인가. 때문에 각성을 동반하는 '사건'이 도래하지 않는 한, 사람은 잘 변하지 않는다. 그 꿈을 꾸기 전까지의 스크루지 영감처럼….

✦━━ ✦ ━❖━ ✦ ━━✦

"말해 두어야 할 것은 이렇다. 즉 내가 나의 생각의 노리개인 곳에 나는 존재하지 않는다. 그리고 나는 내가 생각한다고 생각하지 않는 곳에서 '나인 것'에 대해 생각한다."

—자크 라캉, 『에크리』 중에서

철학사에서는 꽤나 유명한, 데카르트의 '코기토(생각한다, 고로 존재한다)'에 대한 비판이기도 하다. 사상사가 추앙해 온 이성이란 지력의 보잘것없음에 대해서, 쇼펜하우어와 니체가 인문적으로

고찰했다면, 정신분석의 경우엔 의학적 명분이 더해졌기에 보다
파격적이었다.

라캉은 자신의 이론을 개진함에 있어 수많은 철학사적 근거를
제시한다. 그중에서도 가장 큰 지분은 아마도 하이데거. 하이데
거의 『존재와 시간』이란 제목이 의미하는 바, '존재' 개념은 인식
의 조건이며 그 토대가 시간이다. 기독교인들은 기독교의 패러다
임 바깥의 생각에는 별 의지가 없듯, 존재 안에서의 인식이란 실
상 이제까지 겪어 온 시간의 관성이다. 철학에서 말하는 '생각'은
반성적 작용이 수반되어야 하는 것이다. 그런 사유는 그 시간의
관성을 벗어나는 순간에 가능하다.

스크루지 영감의 꿈처럼, 그 시간의 관성이 무너지는 각성의
순간, 그리고 그 열린 틈으로 밀려드는 반성. 철학에서는 이런 순
간을 '사건'이라고 부른다. 사람은 잘 안 변한다. 변화의 계기도
자신의 신념 체계 바깥에서 들이치는 뜻밖의 일들을 통해서다.

◆—■—◀▶—■—◆

헤겔의 변증법을 향한 비판은 주로 반성의 지점에 관한 것이
다. (물론 비판만큼이나 변호도 많으니 한쪽 견해만 읽고 단정 짓지 말 것.) 이
를테면 이런 경우다. 음식점에 손님이 없거들랑, 요리사의 취향
을 의심해 볼만도 하거늘, 주인 입맛에는 맛있기 때문에 원인을

엉뚱한 데에서 찾는다. 새로운 메뉴를 개발해 보고, 식당 인테리어도 바꿔 본다. 중심부는 그대로 놓아두고 주변부만 반성을 겪는다.

키에르케고르는 타성과 관성에 대한 자각이 없는 시간의 독단을 지적한다. 때문에 단절과 도약을 이야기했던 것. 니체에게선 비슷한 주제가 '망각'과 디오니소스적 '파괴'다.

그러나 자신에게 누적된 시간의 생활체계를 털어 내며 어제를 폐기한다는 게 가능하기나 한가? 그렇다면 내 안의 깃든 시간으로 가닿는 조건들의 배치를 바꿈으로써 기억의 효과를 바꾸는 것. 다른 영역으로 탈주해 보는 것. 이 개념이 대중에게도 많이 알려진 들뢰즈의 노마드(nomad)다. 새로운 내일은 다른 곳에서 기다리고 있는지도 모를 일이다.

니체의 한결같은 주제는 열려 있으라는 것. 자신이 열려 있다고 말하길 좋아하는 사람은 대개 닫혀 있다. 정말로 열려 있는 사람이라면, 혹여 내가 닫혀 있는 게 아닌가를 의심한다.

사고의 유연성을 확보하는 방법은 나와 대척점에 서 있는 생각들을 편견 없이 둘러보는 것이다. 니체를 읽다 보면 니체만큼이나 헤겔을 살펴봐야 한다. 니체의 계보들이 왜 그토록 헤겔을 비판하는 것인지를 이해하기 위해서라도…. 그런데 읽다 보면 니체만큼이나 오해된 철학자인 헤겔을 이해하게 된다.

니체는 말한다.

허물을 벗을 수 없는 뱀은 파멸한다. 의견을 바꾸는 것을 방해
받는 정신들도 마찬가지이다. 그들은 정신이기를 그친다.

신체의 논리

크리스찬 베일의 스타일리쉬한 액션이 눈길을 끌었던 〈이퀼리브리엄〉은, 언뜻 조지 오웰의 소설 『1984』를 떠올리게 한다. 빅브라더에 관한 영화적 해석이라고 해야 할까? 또한 영화의 반을 차지하는 지분은 올더스 헉슬리의 『멋진 신세계』가 모티브다.

'감정 말살 정책'이라는 이데올로기에 빠져 있는 이들은 배제의 수호자들이다. 쓸모없다 못해 있어서는 안 될 가치들, 그것에 의해 벌어질 부작용들을 애초에 차단하고자 한다.

마르크스는 인위적인 것을 자연스러운 것으로 받아들이는 모든 현상을 이데올로기로 진단한다. 이데올로기에 세뇌당한 것이 아닌 자발적으로 참여하고 있다는 착각이 빚어내는 도덕적 표상, 영화에서는 감정 말살 정책의 선봉에 서 있는 정예의 특수요원들이 지닌 자긍심으로 대변된다. 사회의 안녕과 질서를 유지하는

'파수꾼'들에겐, 이데올로기에서 벗어난 가치들은 그저 지워 내야 할 것들이다. 그중 하나가 예술이다.

플라톤 이래로 신체와 감각은 진리의 세계를 왜곡한다는 원죄의 굴레를 짊어지고 있었다. 그러나 플라톤의 신념이 어떠하든 간에 변하지 않는 사실은, 신체가 여전히 우리의 사고에 지대한 영향을 미치는 또 하나의 영혼이라는 점이다. 그런 자연스러움을 억압하면서까지 인간의 정신을 통제하고자 했던 이데올로기는 신체부터 규제해 들어간다. 사회는 개개인의 행위를 감시하며, 개개인은 자기 검열에 길들여져 있다.

영화는 숨겨져 있던 다빈치의 작품을 찾아내어 불태우는 상징적 행위로 시작된다. 욕망의 근원을 제거해야 이 세상이 평화로울 수 있다는 신념들이 대치하고 있는 영역은 감정이다. 인류의 행복을 위해 정작 행복을 느낄 수 있는 감정을 억압한다는 모순, 평화를 위해 반대 세력은 모두 몰살한다는 역설을 자행한다.

감정 말살 정책의 선봉에 서 있는 정예의 특수부대, 그중에서도 혁혁한 공적을 자랑하는 크리스찬 베일의 차별성은 남다른 직관력이다. 타인의 마음을 읽을 수 있는 공감 능력이 이성의 소산만은 아닐 터, 남들보다 예민한 감수성을 지닌 크리스찬 베일은 실수로 한 회분의 감정 조절제를 투약하지 않았고, 이 '사건'을 계기로 세상의 다른 면모를 느껴 버리게 된다. 도시를 비추는 찬란한 햇살, 창가에 흘러내리는 쓸쓸한 빗물, 콘크리트의 거친

감촉, 손에 와닿은 햇살, 강아지를 쓰다듬으며 나눈 교감. 그전에도 없었던 것이 아니거늘 크리스찬 베일에게는 비로소 '나타난 것'이다.

변화의 시작을 알리는 행위는 자신의 책상에 놓여 있던 물건들의 배치를 바꿔 보는 것이었다. 모든 동료의 책상에 똑같은 배치로 놓여져, 획일화의 풍경을 완성하고 있던 사물들. 그전까지는 관심을 갖지 않았던, 이전과의 '차이'가 더 흡족하다는 사실을 깨닫고, 배치를 계속해서 이리저리 바꾸어 보는 '반복'. 미학의 존재의미에 대해 다시 생각하기 시작한다. 아니 느끼기 시작한다.

그 이후 계속해서 감정 조절제를 투약하지 않는다. 모든 감각이 열린 그에게 여인의 향수가 풍겨 오고, 베토벤의 음악이 들려온다. 그리고 감정을 느끼는 자들을 아무런 감정 없이 죽이던 그가, 누군가의 죽음 앞에서 처절한 슬픔으로 무너진다.

크리스찬 베일이 저 자신의 이데올로기를 배신하게 되는 첫 번째 사건은, 감정을 느끼는 자들에게서 반려동물로 키워지고 있던 한 마리의 강아지를 살리기 위함이었다. 잊어버리고 잃어버렸던 사랑과 연민의 감정을 회복하는 순간, 행복과 불행이 동시에 찾아온다. 그러나 그가 만난 반군 세력이 되찾고자 하는 행복은 불행을 제거해 버린 잉여가 아니었다. 사랑하지 않았던들 상처받지 않으리라. 그 상처를 미연에 방지하겠노라 사랑 자체를 거부하는 일이 과연 행복을 위함일까?

『에티카』 2부 정리16 따름정리2

"우리가 외부 물체에 대해 갖는 관념은 외부 물체의 본성보다는 우리 신체의 상태를 더 많이 가리킨다."

피곤한 몸을 이끌며 집으로 돌아오는 퇴근길이 더욱 길고 멀게 느껴지지 않던가. 상황에 따라 시간도 달리 흐르는 것처럼 느껴진다. 스피노자의 철학사적 의의는, 감정과 그 준거로서의 신체를 재발견한 공로다. 신체의 상태에 따라 다른 인식의 양상, 쾌와 불쾌의 기분이 판단의 근거다. 니체 이후의 철학들은 이런 정서의 문제를 함께 다루고 있다.

플라톤은 감정의 물결에 휩쓸리는 순간들을 인간의 저급한 본성으로 경계했던 바, 때문에 수사에만 탐닉하는 시인들을 탐탁지 않게 여긴 것이기도 했다. 그런데 감정의 영향을 전혀 받지 않는 순수 이성의 상태라는 게 과연 가능할 것일까? 플라톤이 그런 이데아 이론을 '선호'했다는 사실 자체가 이미 감정의 결과인 것은 아닐까? 스피노자는 그 감정의 근거로써 신체의 존재의미를 증명했다. 그리고 서양의 사상사에서 욕망의 근원지로 치부되어 왔던 신체의 지위를 회복시킨다.

신체의 담론을 이어받은 대표적인 철학자가 쇼펜하우어다. 그는 무의식을 관통하는 감정의 우위를 주장하며, 신체를 '표상의 형식을 취한 의지 자체'라고 표현한다. 그렇다고 쇼펜하우어와 스피노자가 이성의 가치를 포기한 경우는 아니다. 그들에게도 아직은 추구의 대상이었다. 그에 비해 니체는 그들의 철학을 비판적으로 수용하면서도 이성을 평가절하 하기에 이른다.

철학사에서 정신분석의 지점이 중요한 건, 이성의 지위가 더욱 끌어내려졌기 때문이다. 보다 관건은 무의식이다. 그것은 신체와 정서로 드러난다. 정신분석은 역설적으로 신체의 담론이기도 하다.

신체는 쓸데없는 짓을 하지 않는다. 감정은 그에 따른 결과다. 울고 싶을 땐 맘껏 울어 보고, 불안할 땐 또 그 감정의 물살 속에서 허우적댈 필요도 있는, 지극히 자연스러운 증상이다. 실상 감정에 왜곡된 판단을 한다기보단, 판단의 근거가 감정이다. 이 전제가 실존철학으로까지 이어지는 철학사이기도 하다. 하이데거가 신체를 '사이의 존재'라고 말했듯, 정서와 감각은 인식의 훼방꾼이 아니라 되레 인식의 토대다.

＊━━━◆━━◆◆◆━━◆━━◆

내 형제들이여, 내 말을 믿으라! 대지에 절망한 것은 신체였다. 절망에 빠진 신체가 존재의 배(腹)가 자신에게 말을 들었던 것이다.

그러자 신체는 머리로 —물론 머리만으로 그랬던 것은 아니지만— 마지막 벽을 돌파하여 '저편 세상'으로 넘어가려 했다.

하지만 '저편 세상'은 인간에게는 잘 감춰져 있다. 그 탈인간화되고 비인간적인 세상은 천상의 無다. 존재의 배는 인간 모습으로서가 아니라면 인간에게 결코 말을 건네지 않는다.

차라투스트라는 저렇게 말했다. 이 부분은 『도덕경』의 '虛其心實其腹(허기심 실기복)'이란 구절을 떠올리게 한다. 스피노자 시절부터 이미 동양의 철학서들이 많이 번역되어 들어왔단다. 니체의 철학도 동양의 일원론에 가까워져 있다.

근대 이전의 서양 사상사가 육체를 경시했던 건, 모든 욕망이 육체로 인해 불거진다고 생각을 했기 때문이다. 그로 인해 신체의 굴레에서 벗어난 이데아와 천상에 관한 담론이 정당성을 획득할 수도 있었다.

그러나 욕망이 과연 육체의 독단이냐에 대해서는 생각해 볼 여지가 있는 문제다. 되레 정신에 묻어 있는 얼룩 때문에 육체가 고생을 하는 경우도 적지 않다. 마음의 눈을 뜨라는 말. 생각해 보면 마음의 분란은 모두가 마음의 눈이 향해 있는 욕망들 때문이지 않던가. 몸이 아픈 경우처럼 삶의 질이 떨어지는 경우도 없지 않던가. 눈병이 나면 실상 마음의 눈도 제대로 떠지지 않는다. 몸이 아프지 않은 상태에서나 마음도 다스릴 수가 있는 것이다.

몸이 피로하면 모든 게 귀찮고 능률도 안 오른다. 그래서 피로 회복제와 에너지 드링크 시장이 언제나 활황인 피로사회. 신체의 상태는 정신에 영향을 미치다 못해 현상으로 드러난다. 신체는 휴식에 대한 욕망을 갈구한다. 그러나 도통 쉴 수가 없다. 편의점 에서 또 한 병의 한 캔의 피로회복제를 집어 들고, 그러다 결국 병이 나는 거고….

심오한 철학보다 몸에 더 많은 지혜가 있다.

신체를 '거대한 이성'이라고 표현했을 만큼, 니체가 표방한 철 학은 건강한 상태에서의 사유다. 니체가 신체를 부각시킨 것은 중세적 정신에 대한 반동이다. 생리학과 심리학적 지식들을 자주 언급한 이유도 삶과 괴리된 관념에 대한 비판이었다.

나와 비슷한 연배들은 기억할 텐데, 스포츠 브랜드 아식스 (ASICS)는 네이밍의 기원이 되는 라틴어 문구를 광고 카피로 내걸어 선풍적인 인기를 얻은 적이 있었다. Anima Sana In Corpore Sano! 건강한 육체에 건강한 정신이 깃든다.

감각의 거미줄

우리의 감각 기관으로 인한 습관 때문에 우리는 감각의 거짓과 기만 속에 갇혀 거기서 거미줄을 치며 살아가는 것이다. 이것으로부터 빠져나올 수 있는 길은 존재하지 않는다. 이것을 벗어나 실제로 존재하는 세상 속으로 들어갈 수 있는 뒷길도 샛길도 존재하지 않는다. 우리는 우리 자신이라는 그물 안에 갇혀 있다. 우리 자신이 거미들이며, 우리가 쳐 놓은 그물 안에서 포획해 낼 수 있는 것은 우리의 그물 속에 포획되도록 설계되어 있는 그것 외에는 아무것도 포획해 낼 수 없다.

니체의 글에서 '거미줄'의 비유는 자주 등장한다. 거미줄은 넓이가 한정되어 있지만, 그물에 걸린 먹이를 집요하게 옭아맨다. 그렇듯 개인의 인식이란 게 편협하고도 집요하다는 의미다.

감각에 대한 부정적 뉘앙스로 읽힐 수 있지만, 이성에 관해서도 역시 '거미줄'의 비유로 '이성만능주의'의 허상을 지적하기도 한다.

서양철학사는 결국 플라톤 철학에 대한 주석이라는 화이트헤드의 말은 꽤나 유명하다. 현대철학은 니체의 주석이라고 봐도 무방하다. 니체를 재발견해 현대철학에 복음으로 던져 준 건 하이데거의 공로다. 그의 '존재와 시간'은, 개인이 겪은 시간 속에서 익숙해진 사유와 감각의 체계로 해석된 세계가 다시 인식의 토대로 순환한다는 함의다.

하이데거에게서 '이해' 개념은 인식을 넘어선 존재론적 범주다. 무슨 말인고 하니, 그것을 그렇게 인식하게 하는 지평의 토대가 선행한다는 것. 이 토대가 바로 개인이 겪는 시간의 성격이다.

그렇듯 누구에게나 앞서 있는 '전(前)이해'가 자신에게 익숙한 것들을 더 선호하게 한다. 부처 눈에는 부처만 보이고 돼지 눈에는 돼지만 보이는 건, 각자가 겪는 시간 안에서 인식되는 결과로서의 세계이기 때문이다. 그런 존재에겐 그런 세계가 보인다.

인식의 바깥에 놓인 세계. 칸트는 이걸 '물자체'라고 칭했다. 우리는 쪼개진 박을, 우리의 목적성을 투영해, '바가지'라고 부르지만 실상 쪼개진 박일 뿐이다. 또한 '박'이란 명칭조차도 우리가 던져 놓고서 그것을 다시 인식하는 언어적 도구일 뿐이다. 그냥 쪼개져 있는 무엇, 그 사물 자체에 대한 이야기다.

인식은 감각의 영향권에서 벗어날 수 없다. 우리는 물자체를 인식할 수 없다. 모든 게 각자의 시간으로 지어 올린 각자의 관점이 투영된 해석이다. 불교의 유식론과 정신분석의 실재계 담론도 이런 맥락이다.

니체는 누구나 수긍할 수밖에 없는 객관적 진리가 있다고 믿는 사유체계를 거부한다. 오죽하면 진리를 '미적 취향'이라고까지 말한다. '거리의 파토스', 내 취향에 가까운 것들일수록 보다 진리인 것 같다.

후설의 표현을 빌리자면, 견해만큼의 진리가 있다. 각자의 진리가 있다는 말은, 어떤 것도 진리의 자리를 확정할 수 없다는 말도 된다. 항상 자신을 의심하라! 자신의 생각은 다 블루오션 같고 정당한 것 같다. 자기 생각이 맞다고 우기는 이들이 기발한 생각과 번뜩이는 재치의 소유자이기나 하던가?

라캉은 이렇게 말했다.

"헤매는 자가 속지 않는다."

반성적 거리를 확보하지 못한, 확신에 찬 이들이 오류의 상태라는 의미다. 자신이 틀릴 수도 있다는 전제의 열린 지평으로 고민하라는 이야기다. 죽일 놈의 자기 확신이 정말로 자신을 죽일 듯 몰아붙이는 결과를 가져오기도 하니까 말이다. 다시 라캉의 어록으로 마무리하자면, 당신이 안다고 생각하는 순간, 당신은 확실히 모르는 것이다.

스피노자에 따르면, 본질은 존재가 아닌 '상태'다. 한 사건에 대한 목격자들의 진술이 저마다 다른 이유는, '나'라는 존재로 사건에 참여하기 이전에 '나'라는 정황 속에서 사건을 해석하고 있기 때문이다. '나'라는 상태는 정신의 문제이기 이전에 신체의 문제다. 신체가 환영하는 반응이 기쁨이고, 신체가 거부하는 반응이 슬픔이다. 즉 '나'라는 상태는 감정의 산물이다. 그리고 선악의 판단과 윤리라는 규정 역시 이 신체적 반응의 연장이라는 것이, 니체마저 '급진적'이라 표현했던, 스피노자가 당대에 던진 파격이었다.

실제로 정서를 관장하는 뇌의 부위에 손상을 입는 경우, 결정 장애를 겪는다고 한다. 그렇듯 제아무리 이성적 판단을 자신하는 사람들도, 선택의 문제에 있어서는 감정의 인력에 끌릴 수밖에 없다. 나에게서 나오는 모든 것들은, 내 신체에 거부반응이 없는 '긍정'의 가치들이다. 자신만을 고집하는 사람들의 무의식 속에는, 이미 맞고 틀리고를 넘어서 있는 문제다. 자신이 곧 최선이라는 '도덕적 우월감'이다. 생각의 차이 이전에 체질의 차이이기도 한 것이다.

'인식'이라 함은 이미 각자의 정신 속에 자리하고 있는 고정관념에 대한 긍정이다. 따라서 '나'라는 체질에 부합하는 정보만이 걸러져 들어오는 것이다.

심리학에서는 '레이크 워비곤'이라는 이론이 있다. 사람들은 대개 스스로의 지평이 평균 이상이라고 생각을 한다. 심리학 이론으로 명명될 정도로 보편적인 속성이라면, 차라리 스스로를 의심할 수 있는 반성의 거리가 블루오션의 조건은 아닐까?

니체는 자아를 문법적 지위로 규정한다. 다가오는 다양한 양상 앞에, 가상적 통일성을 부여하는 '나'라는 단 하나의 해석이 존재할 뿐이다. '나'라는 인식의 최종필터가 본인의 정체성이기도 하지만, 때로 인식의 가장 큰 장애물이다. 그러나 스스로에게는 이 장애물이 발견되지 않는 경우 역시 일반적이다.

니체는 이렇게 말했다.

우리는 자기 자신을 이해하지 못하고 꼭 오해를 한다. '누구에게나 자기 자신이 가장 멀다'라는 법칙은 영원히 존재할 것이다.

◆━━◈━━◆

고집이 센 사람들은 남의 고집을 참아 내지 못한다. 급기야 상대를 고집쟁이로 몰아간다. 자신의 생각은 자신에겐 지극히 합리적이기 때문이다. 그런데 누가 정말 고집쟁이이고 누가 고집쟁이로 몰린 대상인지에 대한 문제는, 늘 판단이 쉽지 않은 애매한 구도다. 내가 그 사람을 답답해하는 만큼, 그 사람 역시 내가 답답할 뿐이다. 우리는 누구나가 다 자신의 신념이 객관적이라고 생각하는 성향을 지니고 있다.

니체에 따르면, 신념은 거짓말보다 더 진리를 위협하는 위험이다. 거짓말 뒤엔 감추어진 진실이 있기라도 하지만, 신념은 그 믿음 자체를 진실이라고 믿기 때문이다. 물론 스스로를 믿는다는 건 중요한 덕목이다. 그러나 스스로를 신뢰도로 여기는 것은 별개의 문제다.

니체의 큰 주제가 '관점'과 '차이'이지만, 이 '관점'과 '차이'만큼이나 이기적으로 해석되는 단어도 없다. 자신의 관점과 차이를 존중받고자 한다면, 남의 관점과 차이도 존중해야 함에도, 자신의 관점과 차이만을 끌어안은 채 그저 자기 생각만 생각이다. 무지한 자들이 신념을 지니면 무섭다는 말조차도, 이쪽이나 저쪽이나 상대에게 전가하는, 그 자체로 무지의 증상일 때가 있으니 말이다.

그래서 소통이 필요한 것이지만, 이 소통의 개념도 자의적인 해석의 행위화인 경우가 많다. 우리 가족은 대화가 너무 없다며, 자녀들에게 대화를 종용하면서 대화에 대한 자신의 일방적인 훈계만 늘어놓는 부모들의 경우처럼 말이다.

열린 생각이 가능하려면, 내가 틀릴 수도 있다는 적정의 긴장도는 지니고 살아야 한다. '니가 어려서 잘 모르는 거다'는 꼰대들의 진부한 미학처럼 저 자신을 신뢰도와 안정성으로 끌어안고

사는 군상들은 되레 상대에게 열린 것을 요구한다. 실상 자신의 생각에 동의하라는 명령이나 다름없다.

니체는 이렇게 말했다.

확신하는 인간에게 확신은 그를 지탱해 주는 기둥이다. 많은 것을 보지 않고, 그 어느 것에도 공평하지 않고, 철저히 편파적이며, 모든 가치를 엄격하고도 필요한 시각으로 보는 것. 이것만이 확신하는 인간 종류를 존재하게 해주는 유일한 조건이다. 하지만 이렇게 해서 그는 진실한 인간의 반대이자 적대자이고, 진리의 반대이자 적대자이다.

착각은 깨달음에 대한 확신에서 시작되고, 오류 또한 자기 나름대로의 이해에서 시작된다. 이해와 확신이 되레 오류이고 착각일 수도 있다. 지금까지의 이야기를 납득할 수 있으며 수긍할 수 있는가? 다른 누군가의 이야기가 아닌 바로 당신에 대한 이야기란 사실까지도 눈치챘는가? 너와 나, 우리 모두가 조금씩은 앓고 있는 정신질환, 자기애적 우월감이다. 그러나 남의 증상에만 관심이 있지, 스스로에 대한 진단을 거부한다.

니체가 감각에서 비롯된 해석을 비판만 하는 것은 아니다. 오히려 그런 주제를 '니체주의'라고 한다. 첫 저작인 『비극의 탄생』에 '실존과 세계는 오로지 하나의 미적 현상으로서만 정당화되어 나타난다'고 적었을 정도로, 니체는 감성의 철학을 추구했다. 자신만의 관점으로 지어 올린 자신만의 세계가 없어도 존재의미를 상실하는 정신적 문제로 이어질 수 있다. 다만 자신의 틀에 갇히지 말라는 것이다. 당장의 확신으로 스스로를 거대하게 바라보고 있을지 모르지만, 당신은 당신의 기대만큼이나 대단하지는 않다. 물론 당신의 체념만큼이나 형편없지도 않다.

아리스토텔레스는 설득의 조건으로, 로고스, 파토스, 에토스를 든다. 논리적이거나, 감동적이거나, 살아온 삶의 이력으로 증명되는 품격을 갖췄어야 한다. 자신에게만 도취되어 세상의 한 자락도 설득하지 못하면서 스스로를 정당화하는 당신의 변명은 논리적이지도 감동적이지도 않다. 이미 그 억지와 몽니가 이제껏 그런 식으로 살아왔다는 삶의 이력을 증명하고 있는 것이기도 하고….

＊—■—◆■◆—■—＊

연암 박지원은 「공작관문고서」라는 글에서 이명(耳鳴)과 코골이를 비유로 들어 글쟁이들의 문제점을 지적한다. 이명을 앓고 있는 사람은 다른 사람들이 자신이 듣는 소리를 듣지 못함을 답답해한다. 그러나 남들이 미처 듣지 못하는 소리를 듣는 예민한 청력이 아니라, 귀가 앓고 있는 질환이다. 코를 고는 사람은 정작 자신은 수면 중이기 때문에 자신의 코골이를 듣지 못한다. 자신에게 문제가 있음을 혼자만 모르고 그것을 지적하는 다른 사람들을 탓한다.

실상 자신에게 하자가 있는 것임에도 늘 남에게서 원인을 찾는다. 당신은 왜 이 소리를 듣지 못하느냐고, 혹은 내가 언제 코를 골았다고 그러냐고…. 이명은 자신의 세계에만 취해 있는 경우이며, 코골이는 자신의 결핍을 인지하지 못하는 경우다. 자신에게 취해 있는 이들은 자신의 결핍을 자각하지 못한다.

자의식이 강한 사람일수록 도리어 최면에 걸리기 쉽단다. 자신에 대한 확신이 강할수록 불합리에 더 잘 빠지게 되는 자기최면은, 반성적 거리가 확보되지 않는 자기 표상에 갇힌 결과다. 스스로를 사랑하는 방식은 존중되어야 할 사안이겠지만, 스스로에게서 자유로워질 수 있다면 보다 많은 타인들로부터 사랑을 받게 될 것이다.

데카르트의 코기토(Cogito. 나는 생각한다. 고로 존재한다)는 스스로에 대한 의심을 극으로 밀어붙이는 방법적 회의를 전제로 한다. 자신에 대한 무조건적 신뢰와 그놈의 직관을 명분으로 들이미는 확신엔, 언제고 아렌트의 '생각하지 않은 죄'를 따져 물어야 할지도 모를 일이다.

예전에는 확신했던 생각들이 지금에 와서는 그 박약한 논리에 손발이 오그라드는 경우가 있다. 설득할 수 있었던 것은 정작 나 자신뿐이었다. 그래서 확신을 확실로 착각할 수도 있었겠지만…. 돌아보니 내 어리석음의 결과였던 일들, 그때라도 멈췄어야 했던 혹은 시작했어야 했던 일들, 아무리 창피했어도 차라리 그때 진실했어야 했던 일들.

니체가 이르길,

지난날 그대가 진리라고 말하고 진실로 인정했기에 사랑할 수 있었던 것들이, 이제 그대를 방해하는 오류로 생각될 때가 있다.

시간이 지나면 또 어떤 오류를 깨닫게 될까? 어떤 후회로 지난날을 돌아볼까?

04

모든 것이 해석이다

담론 안에서의 그들만의 리그. 그 폐쇄성의 대표적인 사례가 아이유와 『나의 라임오렌지 나무』 아니었을까?

롤랑 바르트가 말한 '저자의 죽음'을 설명해 보자면….

독자들이 소설가의 의도대로만 이해하는 게 아니다. 이를테면 소설가가 묘사하고 있는 어느 골목을, 독자 개개인이 겪은 어느 골목에 관한 기억으로 그 심상을 대신한다. 활자의 묘사 위로 떠다니는 심상을, 독자는 개인적으로 체험한 풍경들로 재구성한다. 니체의 말마따나, 모든 게 해석이다.

당시 앨범의 컨셉명인 'Chat shire'는 『이상한 나라의 앨리스』의 체셔 고양이에서 따왔다. 아이유의 구상이 그런 것이었는지까지야 알 수 없지만, 재미있게도 체셔 고양이의 사례가 이런 담론의 폐해를 지적하는 경우이기도 하다. 웃음만 남기고 몸은 사라지는 고양이, 그렇듯 담론이라는 것은 실체가 없어도 작동을 한다.

원작자에게도 권한이 없다는 해석의 문제. 자크 데리다의 '해체'로 대변되는 현대 철학과 현대 예술의 관점이다. 텍스트를 대하는 대중들의 소회가 더 큰 비중이다. 그 저자가 데리다라고 한들 그의 브랜드를 감안하면서 그의 이야기를 노상 수긍할 필요도 없고, 데리다 전공자의 데리다 해석이 모범답안인 것도 아니다.

하나의 텍스트가 결코 하나의 해석만을 지니는 것은 아니다. 텍스트는 그 의미가 고정되어 있는 게 아니라, 감상자가 지닌 각자의 세계로 저마다의 이해로 분화된 해석을 잠재하고 있다. 대상에 투영한 각자의 세계를 바라보는 것이기도 하다. '우리 모두의 단일한 니체는 없으며, 그들 각자마다의 니체를 지닌다'던 푸코의 말마따나, 각자의 프루스트가 있고, 각자의 아렌트가 있고, 각자의 모차르트와 고흐가 있다.

물론 위험한 말이기도 하다. 그들을 공부하는 방법론이 얼마나 타당하고 어떤 신뢰도를 구비했는가는 또 따져볼 일이다. 어느 정도의 토대 위에서나 그도 해석일 수가 있지, '내 생각은 이렇다'로만 해석의 조건일 수는 없다.

◆━━◆━━◆◆◆━━◆

푸코가 '권력적 지식'이란 표현으로 지적하는 사례. 일단 헤게모니를 잡은 권력층은 그 특권을 내려놓지 않으려고 한다. 가장 수월한 방편은 그 지식을 권력화하는 것이다.

라캉은 말년에 자신의 정신분석 담론을 해체하기에 이른다. 그러나 마스터가 해체한다고 해서, 충정의 열정들이 해체될 리 있겠는가? 라캉의 제자라는 타이틀이 그들에겐 무엇과도 바꿀 수 없는 권력이었을 테니 말이다. 실상 후학들의 빗나간 충정이 위대한 사상을 빌미로 권력을 유지하는 경우들이 태반이지 않던가.

철학이 인문학의 왕자에서 내려와 이젠 찌그러질 대로 찌그러진 시대이지만, 여전히 철학계에서는 누구에게서 수학했다는 누군가를 정통으로 여기는 담론이 있다. 그러나 정작 라캉이 누가 누가 더 자신에게 가까운가를 따지고 있는 후학들을 정통으로 인정했을까?

니체는 차라투스트라의 입을 빌려, 자신을 스승 삼지 말라고 했을 정도로, 어떠한 기득권의 명분도 인정하지 않았다. 그 추종 세력이 저 자신들의 부조리마저 정당화하는, 기득권의 패러다임에 봉사하는 가장 편리한 명분이기도 하기에…. '니체의 권위자가 이렇게 말했다'는 말도 니체적이지는 않다.

부처를 만나면 부처를 죽이고, 조사를 만나면 조사를 죽이라 했던가. 석가모니가 '뗏목의 비유'라면, 니체는 '망치의 비유'로 대변될 수 있겠다. 니체를 만났으면 니체를 죽여야 하는 것, 그것이 진정한 니체주의라고 할 수 있다.

어떤 철학자가 그렇게 말했다고 해서, 그렇게 살았다고 해서, 그 말을 맹신하고 그 삶을 따를 필요도 없다. 그 철학자와 자신이 같은 가치 체계와 생활 체계를 딛고 있는 것도 아니니 말이다. 무비판적으로 그 철학자를 따르는 것이 과연 철학이기나 할까? 그에 대한 믿음으로 그를 증명할 게 아니라, 각자의 취사선택으로 스스로를 증명하는 것이 차라리 철학의 존재가치가 아닐까? 니체에 대해 말하고 있는 이 책 또한 해체의 대상이다.

니체의 견해에 따르면, 해석은 의미를 부여하는 작업이다. 해석자의 관점에 따라 부여되는 의미는 달라진다. 니체는 이런 해석의 '차이'를 창조와 생성의 능동적인 행위로 간주한다. '지배적인 가치의 공간을 비집고 들어가 균열을 내는, 인습에서 자신을 해방시키는 자유정신'이기도 하다.

니체의 계보들은 하나의 정답이 정해져 있는 체계를 거부한다. 하나의 현상은 이미 수많은 해석을 담지하고 있는 복수의 잠재태다. 해석의 다양성들은 존중되어야 한다. 난해한 영화 한 편에 대한 감상자의 해석은 제각각이다. 어떤 평론가의 해석이 모범답안이라고 할 수 있겠는가? 같은 영화를 보았으면서도 서로 다른 해석, 영화는 이미 다양한 해석을 잠재하고 있다. 그것을 감상하는 이들의 각각의 해석이, 그것을 향유하고 소유하는 저마다의 방식이다.

『들뢰즈가 만든 철학사』라는 책이 있는데, 철학사에서 들뢰즈가 특화한 '생성'의 방법론을 대변하기도 하는 제목이다. 철학사의 거점들의 철학을 그대로 수용하는 것이 아닌, 그것에 대한 해석적 지평으로 나아간다. 그는 잉태와 출산에 비유하는데, 이건 니체의 비유이기도 하다. 들뢰즈는 대표적인 니체주의자다.

'philosophy'가 그런 의미이기도 하다. 지혜에 대한 에로스, 그로써 잉태되는 새로운 지평은 새로운 철학으로 산출된다. 니체가 말한 자신의 철학과 들뢰즈가 말하는 니체의 철학이 온전히 같을 순 없다.

지젝은 '오해의 철학사'라고 말하기도 한다. 아리스토텔레스는 플라톤을 오해했고, 헤겔은 칸트를 오해했으며, 마르크스는 헤겔을 오해했다. 가장 오해받은 철학으로 알려진 헤겔과 니체는 들뢰즈에게서도 오해가 된다. 그 오해가 각자의 해석이다. 물론 그 오해가 무솔리니와 히틀러의 아전인수식의 '왜곡'과는 차이가 있는 것이고….

전제는 전체에 대한 이해라는 것. 실상 모든 철학사의 거점들이 그러했다. 오해일망정 철학사를 두루 이해한 이후에 자신의 철학을 개진한 것이지. 저 홀로 하이데거였고, 저 홀로 사르트르였겠는가 말이다.

05

망각의 힘

　일본 영화 〈열쇠 도둑의 방법〉과 한국판 리메이크작 〈럭키〉는 기억과 망각에 대해 이야기하고 있다. 기억이 사라진 상태에서 마주한 새로운 현실. 난 누구이고 여기가 어디인지를 모르는 상황에서, 남의 삶을 자신의 삶으로 '다시' 살아간다. 일본 작품이나 한국 작품이나 이 설정은 인상적이었다. 실상 '다시'가 아닌 '처음' 살아 보는 삶이지만, 도리어 기억을 잃어버린 상황을 통해 새로운 희망을 체험한다.

　〈럭키〉에서, 기억을 잃은 채 타인의 삶을 살아가는 킬러는 어질러진 방부터 정돈한다. 기억을 잃었어도 습관은 몸에 기억되어 있다. 으리으리한 킬러의 집으로 들어가 살게 된 무명배우는 방부터 어질러 놓는다. 처지가 바뀌었어도 습관이 따라붙고 있다. 킬러는 자신이 살았던 흔적이라고 믿고 있는 상황적 조건에 적응하며 자신의 꿈이었던 듯한 연기 공부에 매진한다. 그리고 무명배우에게서 가능하지 않았던 '진전'이란 걸 이루어 낸다.

〈열쇠 도둑의 방법〉에서의 연출은 조금 더 철학적이다. 가난한 무명배우는 스타니 슬랍스키의 메소드 연기가 어쩌구 저쩌구 하며 이론만 그득 늘어놓는다. 그나마도 제대로 읽은 연극 이론은 한 권도 없다. 그저 책장에 꽂혀 있는 것으로 자신의 전문성을 증명해 줄 책을 사는 일에 만족할 뿐이다. 도리어 기억을 잃고서 무명배우의 삶을 대신 사는 킬러가 그 이론들을 탐독한다.

니체의 비유를 들어 쓰자면, 병이란 대개 잘못된 습관이 반영된 결과다. 우리가 지닌 병통은 우리가 살아가고 있는 삶의 모습으로 그 증상이 드러나기 마련이다. 병이 나으려면 삶의 방식을 바꾸어야 한다. 당신이 말하는 '언젠가 저기'에 닿기 위해선 '지금 여기'에 스치고 있는 순간을 대하는 방정식을 바꾸어야 한다. 하여 언젠가 시작할 일이 아니라, 언젠가부터 이미 시작되고 있었어야 할 일이다.

미적분 개념으로 해석하자면, 순간의 대푯값으로 예측하는 전체의 속성이라 할 수 있다. 그리고 이것이 사주팔자라는 인생 방정식의 원리이기도 하다. 인생의 어느 순간에서나 방정식은 같고, 미지수의 자리에 기입하는 값 역시 늘 일정하다. '지금 여기'에서 견지하고 있는 삶의 태도가, 언제 어디에서도 당신이 살아가고 있을 삶의 모습이다.

아직 윤리의 메커니즘이 정립되지 않은 초기의 인류에게는 죄가 죄로 성립되지 않았다. 당한 자는 그것이 왜 아프고 슬픈 일인지를 정확히 해명하지 못한다. 가한 자는 그 일로 인해 아파하고 슬퍼하는 이들을 보며 일종의 부채 의식을 지닌다. 그러다 공동체적 윤리가 발달하면서, 그 채무감을 잊지 말라는 의미로 형벌이 발명되었다는 니체의 고찰.

부단한 고통을 주는 것들만이 기억으로 남는다.

니체가 '망각'에 대한 찬양을 늘어놓긴 했으나, 나중에 정신병을 앓은 것 보면 정작 자신도 그렇게 하진 못한 것 같다. 잊으려해도 내 안의 어딘가에는 새겨져 있을 시간의 기록. 그중에서도 너무 아팠던 시간은, 맘이 잊으려 해도 몸이 놓아주질 않는다. 정신분석이 정신을 진단하는 원리이기도 하다.

망각한 자는 복이 있나니, 자신의 실수조차 잊기 때문이라.

니체의 철학은 기억의 특권을 거부한다. 기억은 인식의 토대이지만, 인식의 굴레이기도 하다. 그것이 소중하고도 의미 있는 경험일망정, 때때로 오늘을 어제로 살아가게 하는 선행의 간섭들이기에…. 니체에게 있어 '인간' 자체가 하나의 인습이다. '초인(위버멘쉬)' 개념은 이런 관성을 허물며 내일로 나아간다는 취지다.

그렇다고 아름다운 추억까지 잊으라고 하는 의미겠는가. 자신의 존재의미인 양 끌어안고 있는 어제, 부정할 수 없어 끝을 모르고 잇대는 자기변호, 그쯤 했으면 이젠 그만하고 새로워지란 이야기다.

진부함을 안정성이라고 믿기 때문에 새로워지지 못한다. 그래서 기존의 가치와 의미를 유지하고 산다. 하지만 어쩔 수 없이 맞이하게 된 무너짐 앞에서는 새로운 길을 모색하는 도전이 차라리 쉬울 수밖에 없다. 무너진 것들에 대한 집착과 미련으로 가슴이 막히지만, 무너졌기에 그동안 가려져 있던 것들을 볼 수 있는 시계(視界)가 열린다.

선악의 저편

　서구 문명에서 늑대는 동물적 충동을 제어하지 못하는 악의 상
징이다. 종교와 철학, 신화와 동화를 막론하고 그 입지는 한결같
다. 그런데 많고 많은 짐승 중에 왜 하필 늑대였을까? 그만큼 문
명과 충돌이 잦았던 야생이었다는 반증이기도 하며, 매 충돌마다
의 결론은 인간들이 입은 피해였을 것이다. 양을 잡아먹든가, 양
치기의 거짓말을 낳든가, 어쨌거나 '늑대가 나타났다!'였던….

　빈번한 마주침이 남긴 흔적은 문명의 범주로 들어온 반려동물
이다. 어떤 종이냐에 대해서는 이견이 있지만 늑대의 아종(亞種)
이 사육된 결과란다. '차이'는 항상 유사성을 전제한다. 유사성이
존재하지 않는 아예 다른 성질엔, 구분과 비교의 잣대를 들이대지
않는다. 늑대는 문명화된 동물과 '차이'로서의 대척점이기도 하다.
문명으로 진입한 종은 가축을 지키고, 야생의 종은 가축을 탐한

다. 계통으로 유전된 집단무의식은 늑대를 악의 상징으로 기록한다. 그 기록물들을 읽는 후세들에게 늑대는 악의 이미지로 반복과 순환을 거듭한다. 이 이미지가 라이칸 전설로까지 이어진다.

할리우드의 수많은 영화에서 악으로 등장하는 '벌레들'은 누구의 입장에서 설정된 악일까? 우리가 벌레들에게 느끼는 공포 내지 혐오의 정서를 투영한 증상일 뿐이다. 그렇다면 우리는 왜 벌레들에게 공포를 느끼는 것일까? 스피노자의 철학에 따르면 생존의 본능이다. 해가 될지 어떨지 모르는 형상에 일단 경계심을 품게 되는 정서가 '나쁜 기분'을 유발하는 것. 그 나쁜 기분이 해명되지 않았거나, 정말로 해를 입어 나쁜 기분을 기억으로 간직한 경우, 그 '나쁜' 기억이 세대 유전을 거치게 된다. 그런데 벌레 입장에서도 위협을 느꼈기 때문에 인간으로부터 자신을 보호하고자 했던 것뿐이다. 그들을 가만두었으면 될 일을, 먼저 도발을 했거나 우연찮게 그들의 경계를 침범한 인간이 되레 '나쁜 기분'을 독점한 것이다. 그 원인은 잊혀지고 '나쁜' 속성만이 집단의 무의식으로 유전된다.

악의 기원도 결국엔 '나쁜 기분'을 유발시키는 불쾌자극이었다. 대표적인 사례가 에덴동산의 뱀이다. 뱀의 입장에선 자신의 터전을 파헤치는 일에 여념이 없는 인간들이 악이다. 그러나 인간들이 보기엔 자신의 몸집보다 큰 먹이를 집어삼키고, 몇 번이고 허물을 벗어 다시 태어나는 듯한 습성이 그 자체로 공포였다.

커다란 눈망울을 지닌 꽃사슴을 잡아먹는 늑대가 악을 행하는 것일 리 없지 않은가? 하루가 멀다 하고 농가로 내려와 농작물을 죄다 뽑아 먹는 아기 사슴은, 그 브랜드가 '밤비'여도 농부에겐 철저히 악이다. 그러나 사슴의 입장에서는 인간이 무너뜨린 생태계로 인해 먹이를 찾기 쉽지 않아 악에 받칠 지경이다.

선악과 사건에 대한 철학의 해석은 이렇다. 선악과를 따기 전까지는 세상엔 선과 악이 따로 존재하는 것이 아니었다. 신이 보기에는 자신이 창조한 모든 것들이 좋았다. 그러나 인간에게까지 모두 보기 좋았던 것은 아니다. 인간의 눈에는 차등한 세상의 미학이었다. 더 정확히는 유럽인들이 보기에 좋은 것들이 선(善)을 선점한다. 하얀 피부를 순결성으로 규정하는 입장에서는 유색의 피부가 저열의 속성이었다. 유럽의 귀족 부인들은 흑인 남자 노예가 지키고 서 있는 가운데 나체로 목욕을 했었단다. 그것이 노예의 불경일 수 없었던 이유, 흑인 노예는 아직 인류가 아니었다. 그들에게 비유럽은 아직 자연이었다. 자연을 극복하는 위대한 '인류'의 역사는 비유럽에 대한 지배를 정당화한다. 그에 대한 반발은 모두 악이다.

◆—◆◆◆◆◆◆◆—◆

영화 〈말레피센트〉는, '선악의 저편'에서 '도덕의 계보'를 거슬러 올라가는 악에 대한 재해석이다. 왜 그녀가 악이 되었는지에 대한 근원적인 물음에 대한 대답은, 그녀를 악으로 만들어 버린 이들이 선으로 군림하면서 전도되어 버린 도덕이었다.

주목해 볼만한 설정은, 그녀가 뿔이 달린 요정이라는 사실이다. 뿔은 그 자체로 악의 상징인 것이 아니라, 그저 인간의 기준에서 악에 부합하는 당위성이다. 인간은 미(美)의 기준을 항상 자신들에게 거부반응이 없는 미학에 둔다. 그리고 그것이 곧 선(善)의 기원이 된다.

니체에 따르면 진리 또한 미적 취향이다. 미의 기준에서 이미 어느 정도 선이 결정된다. 히어로들이 무찌르는 악당들은 왜 하나같이 추한 외모를 지녔거나 후줄근한 디자인을 선택하는 것일까? 그들에겐 미학 개념이 없는 것일까? 아니면 악의 속성이 미학적 센스에 영향을 미치는 것일까?

스피노자는 감정의 문제를 다루면서, 정신이 신체의 변용이라고 주장한다. 기쁨(쾌자극)을 선사하는 대상들이 선이고, 기쁨의 정서가 변용된 슬픔이 악의 근거다. 신체가 그렇게 인식할 수밖에 없는 환경 속에서 조건화가 된다.

선과 악은 그 기원을 거슬러 올라가 보면 결국엔 신체의 반응이다. 미학은 응용 생리학의 분야다. 백인우월주의 현상의 원인은 실상 간단하다. 그들에겐 하얀 피부가 별 거부반응이 없는 미학이기 때문이다. 나와 다른 미적 가치는 철저히 악이다. 말레피

센트가 악으로 존재할 수밖에 없었던 데에는, 왕이 욕망하는 미학의 완성을 가로막았다는 단순한 이유밖에 없었다.

✦◆ ◆ ◆◆◆ ◆ ◆✦

모차르트의 〈마술피리〉 '밤의 여왕 아리아'는 워낙 유명하지만, 여기에 차라투스트라의 모티브가 등장한다. 적인 줄 알았는데, 실상은 조력자였던 캐릭터. 이 오페라의 내용이 그런 반전이기도 하다. 깨닫고 보니 우리가 '악'이었다는 것. 니체의 '차라투스트라'와도 맥이 통하는 설정이다.

내게서 거부반응을 일으키던 악이 실제로는 악이 아니었다는 각성. 되레 내가 선이라고 생각하고 있던 것이 악의 실체였다는 반성. 생리학 관점에서 진리의 속성을 지적하는 니체의 비유는 구토다. 지금껏 내가 진리라고 굳게 믿어 왔던 가치들을 무너뜨리는 진실 앞에서 현기증을 느낀다. 얼마 전까지만 해도 진리가 아니라고 생각했던 것들, 여전히 내게는 거부반응인 진실을 마주하며 구토를 내뱉는다. 그러나 이 구토는 대상 자체가 지닌 역겨움이 원인은 아니다. 니체는 입덧에 비유한다. 비로소 진실을 마주한 이들이 토해 내는 낡은 가치, 그렇게 게워 낸 자리에 새로운 지평이 잉태되고 있는 것이다. 때로 진실은 그렇게 불편하며, 내 체질에 맞지 않을 수도 있다. 그러니 내 입맛에 맞는 것들이 악인 경우를 의심할 것. 때로 악은 선으로 점철되어 있다.

◆—■—■—◆■◆—■—■—◆

니체의 저서 중에 등장하는 표현 중에 '쾨니히스베르크의 중국인'이라는 것이 있다. 여기서 문제, 이 표현은 누구를 지칭하는 것일까? 정답은 칸트.

니체의 저서에서 '중국적'이란 은유는, 보편적 도덕을 표방하는 유가를 의미한다. 물론 칸트 전공자 입장에서 반박할 여지가 없는 것이 아니요, 한문학 전공자 입장에서 할 말이 없는 것은 아니지만, 또 다소 오해의 소지가 있을 방식도 그대로 밀어붙이는 것이 니체의 화법이기도 하다. 때문에 그토록 해석이 분분했던 것이고….

칸트를 대변하는 단어가 '구성주의'일 정도로, 그는 개인의 인식에 대해서도 많은 페이지를 할애한다. 그러나 그를 대표하는 주요 키워드가 '보편적 도덕'에 관한 것이기에, 니체는 그 상징성을 비판하고 있는 것이다. (물론 존경도 표한다.)

그와의 상관에서 끌어오는 '중국인'이 공자다. 앞서도 말했듯, 전공자 입장에서 반박할 여지가 없는 것은 아니고, 되레 니체의 철학이 공자에 가까운 면도 있다. 니체가 칸트의 전반을 비판했던 것은 아니듯, 공자의 사상 전반을 비판한 것도 아니다.

반면 노자에게는 다소 포용적인 관점을 드러내는 구절이 있다. 니체는 그 사회의 헤게모니에 의해 미리 지정된 도덕으로의 환원을 거부한다. 그것이 인간의 자연성에 위배된다는 이유에서…. 이를테면 기독교 사회가 금욕의 명분에 가두고자 했던 성의 담론 역시 자연스럽지 않다. '자연'을 자신의 키워드로 지닌 루소이지만, 니체는 루소도 꽤나 비판을 한다. 선한 자연이란 게 있을 수 있느냐 말이다. 자연 그 자체는 선도 악도 아니다. 신의 은혜로서 비치는 빛인 것도 아니고, 신이 내리는 벌로서의 가뭄인 것도 아니듯…. 노자 『도덕경』의 구절 하나로 대신하자면 '天地不仁(천지불인)'이다. 그러나 그 사회가 매개하고 있는 신앙 안에서, 햇빛의 결도 선과 악에 대한 상벌로 나뉜다.

물론 노자의 경우도 자세하게 다루면서 비교를 하는 건 아니다. 니체는 기독교인들의 신앙보다는 낫다는 취지에서 불교와 마누법전, 이슬람교에 대해 페이지를 할애한다. 이도 '낫다'는 취지이지, 모든 종교적 담론과 명분에 대해서는 비판적인 스탠스를 취했던 니체이기에, 어느 책에서 옹호를 했던 걸 또 다른 책에서는 비판하기도 한다.

무의식의 미로

남매는 하늘에서 내려 준 동아줄을 붙잡고 올라가 해와 달이 되었지만, 호랑이는 썩은 동아줄을 붙잡고 올라가다 줄이 끊어져 땅으로 떨어지고 말았다. 이 설화에서 해와 달 그리고 호랑이는 무엇을 상징하는 것일까? 정신분석의 한 방법론이 이런 문화인류학적 접근으로 무의식을 해석하는 것이다.

우리나라의 설화나 민담 속에서 호랑이는, 신령스럽거나 공포스럽거나이다. 옛 선인들에게서는 우는 아이를 잡아가는, 그래봐야 곶감에게 밀리는 심판자였다. 융의 집단무의식으로 한국의 민담을 해석하는 이나미 교수에 따르면, 호랑이는 미분화되지 않은 원형질로서의 욕망을 상징한다. 이를테면 떡 하나 주면 안 잡아먹겠다던 녀석이 이에 해당할지 모르겠다.

혹 호랑이는 자녀를 위해 살아가는 삶에 지친 엄마의 무의식은 아니었을까? 동화 속에 등장하는 계모들은 아이들이 바라보는 엄마의 이면이라는 해석이 있다. 아동의 애착이 강한 대상인 만큼, 한 번 서운함을 느끼면 그 깊이로 파고드는 부정적 감정 너머에 엄마 대신 계모가 서 있다.

엄마 입장에서도 이런 무의식이 있지 않을까? 아이를 너무 사랑하지만서도, 아이로 인해 사라져 버린 듯한 자신의 정체성. 그러나 에고는 그런 마음을 허락하지 않는다. 더군다나 저런 설화와 민담이 생성되던 시기에는 엄마에 대한 사회적 미덕을 더 요구했던 시절일 테니, 부정성의 무의식이 맹수의 형상에 투영된 건 아닐까?

그런 미덕의 이데올로기 안에서, 무의식적 욕망은 호랑이의 탈을 쓴다. 호랑이는 가책이 드리워진 이미지이기도 한 것. 엄마가 아닌 한 여자로서의 '나'를 허락할 수 없는 사회적 무의식 사이로, 호랑이는 썩은 동아줄을 잡다가 추락하고야 만다.

정신분석은 이 도식으로, 우리의 정신을 문명적 에고와 태초적 이드로 설명하기도 한다. 문명으로의 사회화를 겪으면서 태초의 충동은 억압받는다. '하면 안 되는 것'으로 교육받은 규범들. 물론 사회적 존재들이니 그런 사회화는 반드시 필요한 과정이지만, 니체는 필요 이상으로 본능을 '나쁜 것'으로 몰아가는 이데올로기에 대해 지적하고 있다.

바로 내 입에서 나온, 최초의 비도덕주의자의 입에서 나온 차라투스트라라는 이름이 무엇을 의미하는지에 대해 내게 질문을 던졌어야 했지만, 아무도 묻지 않았다. 왜냐하면 그 페르시아인의 역사상 엄청난 독특성을 이루고 있는 것과 내가 말한 차라투스트라는 바로 정반대이기 때문이다. 차라투스트라는 선과 악의 투쟁에서 사물의 움직임의 본연적인 바퀴를 처음으로 본 사람이며, 도덕을 형이상학적으로, 즉 힘, 원인, 목적 그 자체로 옮긴 것이 그의 작품이다. … 차라투스트라는 가장 숙명적 액운인 도덕이라는 오류를 창조해 냈으며, 따라서 그는 그 오류를 인식한 최초의 사람이지 않으면 안 된다.

니체가 소설의 주인공으로 내세운 차라투스트라는, 고대 페르시아의 철학자이면서, 조로아스터교의 창시자다. 한자문화권에서는 배화교(拜火敎)라고 불리웠던 이 종교는, 선과 악을 가르는 이분법의 단서를 중동의 여러 종교에 흩뿌리는 기원이 된다.

페르시아가 바빌론을 정복하고 유대인들을 해방시키는 과정에서 미친 영향들이 있단다. 『차라투스트라는 이렇게 말했다』는 여러 고전들이 패러디되어 있는데, 그중 하나가 『성서』다. 첫 페이지서부터 그리스도의 행적인 듯한 모습이 연출된다. 니체는 차라투스트라를 자신의 분신으로 등장시켜 도덕의 계보를 묻는 역설을 꾀한 것.

어벤저스의 〈What if〉 형식이랄까? 결자해지(結者解之) 목적의 평행우주랄까? 다른 경우의 수로써 역설을 꾀한 셈.

◆——◆◆◆◆◆——◆◆

새는 알을 깨고 나온다. 알은 하나의 세계이다.
알에서 빠져나오려면 하나의 세계를 파괴하지 않으면 안 된다.

소설 『데미안』을 대변하는 이 철학적 문구는 헤르만 헤세가 72회의 정신과 치료를 받은 이후에 나온 것이란다. 껍질을 깨고 나오기 위한 처절한 몸부림 끝에 완성한 자전적 소설은, 수사의 황금비적 조합이 아닌 몸소 삶으로 이해한 성찰적 함수였다. 깨부수기 위해 꼭 미칠 필요까지는 없으며, 미칠 수 있는 능력도 아무에게나 허락되는 것은 아닐 터. 그러나 미칠 것 같은 번뇌 속에서의 미친 듯한 발버둥의 와중에, 자신을 가두고 있는 경계가 허물어진다. 세계를 파괴하고 세계 밖으로 나온 새는 신을 향해 날아간다. 그 신의 이름은 아브락사스다.

아브락사스는 천상과 지상을 중계하고 있는, 신이면서도 선인 동시에 악으로 존재하는 하늘이다. 해석하자면 신은 인간세계의 선과 악에 관여하지 않는다는 상징이다. 헤세의 페르소나이기도 한 주인공 싱클레어는 성장의 어느 순간에 아브락사스를 만나게 된다. 어른들에게 강요받은 도덕의 가치가 과연 진정한 선인가를 따져 묻기 시작한다. 더 나아가 어른들로부터 강요된 모든 가치에 대해 의문을 품는다. 닫힌 체계로부터 열린 세계로의 도약, 그 상징이 껍질을 깨고 나와 중력을 벗어나는 새이다.

◆━ ■ ━◆■◆━ ■ ━◆

미노타우르스에 대한 니체의 해석은, 인간에게 남아 있는 동물적 본능이다. 그 무의식에 닿는 길은 미로와 같아서, 의식은 곧잘 길을 잃고 무의식의 먹이가 된다. 아리아드네의 실타래를 쥐고서 미궁 속으로 들어가는 테세우스는, 이드를 제어하는 에고의 상징이다. 그러나 이성적 판단과 합리적 셈만으로 인간의 삶을 다 해명할 수 있는가? 결국 아리아드네는, 미노타우로스를 해치우고 미로를 빠져나온 테세우스에게 버림을 받는다.

그리고 가버린 테세우스인들 잘 살았겠나? 운명은 더한 비극안에서 테세우스를 주저앉힌다. 반면 테세우스가 떠난 자리에 주저앉아 있던 아리아드네에게 다가와 그녀를 사랑하게 된 이는, 반(反)이성의 신이었다. 영웅이 떠난 자리에 신이 다가와 상처를 보듬는다. 그 신의 이름은 디오니소스다.

현명해라, 아리아드네!

너는 작은 귀를 가졌으며, 나는 내 귀를 갖고 있으니
그 안에 현명한 말 하나를 꽂아 넣으라!
자기에게서 사랑해야 하는 것을 먼저 미워해서는 안 되지 않겠
는가?
너는 나의 미로다.

미로는 무엇을 상징하는 것일까? 이성과 본능 사이에서의 갈
등으로 빚어지는 혼란. 디오니소스가 아리아드네를 '미로'에 빗
댄 건, 결국 그 혼란이 정신분석에서 말하는 '에로스'의 속성이라
는 의미일 터. 아리아드네에게 다가온 파괴와 부활의 신은, 무너
진 시간의 관성 너머에서 도래하는 새로운 내일을 영접할 수 있
는 자에게 허락되는 권능이기도 했다. 아리아드네가 미처 사랑하
지 못했던, '자기에게서 사랑해야 하는 것'.
영웅호색(英雄好色)이란 말, 어쩌면 영웅에게 사랑은 그저 어떤
용도의 의미였는지도 모르겠다. 테세우스의 호색은 꽤나 정치적
인 양상이었다. 아리아드네 또한 테세우스를 사랑했다기보단, 영
웅을 사랑한 게 아니었을까? 그가 헤라클레스였어도, 페르세우
스였어도 상관없었던 상징적 가치. 그 가치 체계를 폐기하면서
그녀는 신적 존재에게로 도약한다. 니체의 대표적인 미학 개념이
기도 한, 그 신의 이름은 디오니소스다.

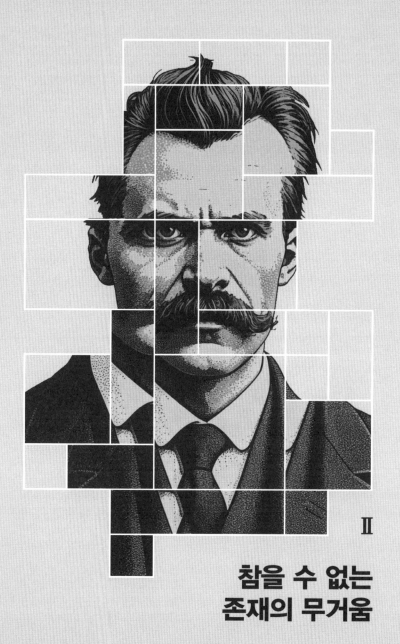

Ⅱ

**참을 수 없는
존재의 무거움**

영원회귀

조세희 작가의 『난장이가 쏘아 올린 작은 공』은 언뜻 니체의 철학을 떠올리게 한다. 신체적 불편함을 지닌 채 태어난 주인공이 아무리 발버둥 쳐도 벗어날 수 없는 비참한 현실은, 중력에 이끌려 다시 땅으로 떨어지는 작은 공과도 같다.

『차라투스트라는 이렇게 말했다』에 등장하는 '난쟁이' 역시 '중력'과 관련이 있다. 조세희 작가의 난쟁이가 부조리의 피해자라면, 니체의 난쟁이는 부조리 그 자체다. 관습과 질서라는 명분으로 끌어안고 있는 체계, 당위와 편리로 길들여져 굳이 벗어날 생각조차 하지 않는 세계, 그리고 늘 그것에 이끌려 가는 인간. 그런 타성으로의 끌림을 '중력'에 비유한 것이고, '난쟁이'는 그 중력에 의해 키가 작아진 군상들을 상징한다. 군상이란 단어로 한정하기에는 심리학 일반에 가까운 인간의 보편적 성향이기도 하다.

'인간'에 대한 니체의 정의를 살피면, 초인(超人, 위버멘쉬) 개념에 대한 이해도 쉽다. '인간'은 문화적 인습이며 문명적 관습이다. 초인이란 그 시간의 중력으로부터 벗어나는 존재를 의미한다.

중력에서 벗어난 공간, 하늘. 니체에게 하늘은 신의 주사위가 던져지는 우연의 공간이다. 어떠한 경계도 한계도 없는, 명확함으로 제한되지 않고 막연함으로 열려 있는, 사방이 방향이 되고 길이 되는 무한한 가능성이다. 차라투스트라는 중력을 벗어나 하늘로 오르는 새의 비행을 진정한 자기애로 비유한다.

그러나 새는 결코 중력을 벗어나 있는 존재가 아니라 중력을 이겨 내고 날아오르는 중력의 영향권에 놓인 존재인 것이다. 다시 중력의 세계로 내려와 쉬어야 하고, 삶을 마치는 순간에도 중력의 세계로 내려와야 한다.

푸른 하늘을 품는 모든 것들에게, 드넓은 창공보다 먼저 주어지는 공간은 비좁은 어둠이다. 자유에 앞서 주어지는 시간은 비좁은 한계 속에서 견뎌 내야 하는 답답함과 막막함이다. 그 안에서 필사적인 고뇌로 만들어 낸 날개지만 그것만으로 하늘을 품을 수 있는 것도 아니다. 그러나 곤계란이 되지 않기 위해서라도, 부단한 발길질로 껍질을 부수어야 한다. 니체주의자였던 헤르만 헤세가 역설하는 바이기도….

생존을 위해서라도 부단한 날갯짓으로 중력을 이겨 내고 날아

올라야 한다. 끊임없이 탈주할 수 있는 자신이라야 비로소 자유인의 칭호가 허락된다. 갇힌 채도 모른 채 갇혀 있는 가치체계들로부터 자유로워진 후에야, 저 드넓은 우연의 공간을 품을 수가 있는 것이다.

◆━ ▪ ━◆▪◆▪ ━ ▪ ━◆

나는 말을 이었다.

"난쟁이여, 이 성문을 보라! 그것은 두 개의 얼굴을 갖고 있다. 두 개의 길이 여기서 만난다. 아직까지 어느 누구도 이 두 길의 끝까지 가보지는 못했다. … 그 두 길은 서로 모순된다. 서로 머리를 부딪치는 것이다. 그리고 여기, 바로 이 성문에서 만난다. 위에 성문의 이름이, '순간'이라는 이름이 쓰여 있다. 그두 길 중 하나를 따라 앞으로 더 앞으로, 더 멀리 계속 간다면, 그래도 이 길들이 영원히 모순될 것이라고 믿는가. 너 난쟁이여?"

난쟁이가 경멸조로 웅얼거렸다.

"모든 곧은 것은 속인다. 모든 진리는 굽어 있고, 시간 자체는 원(圓)이다."

『차라투스트라는 이렇게 말했다』에 등장하는 난쟁이는 무거움의 상징으로, 중력(관습)에 의해 키가 작아진 군상이다. 여기서 '영원회귀'가 그리스와 인도 철학에서의 윤회 개념이 아닌 걸 알 수 있다.

너희들은 '영원회귀'를 '진부한 말'로 만들어 버리고, 잘 알려져 있고 너무나 잘 알려진 정식(定式)으로 환원시켜 버렸다.

들뢰즈의 해설에 따르면, 그것은 '선택하는 반복이며 구제하는 반복'이다. 영원회귀는 선택에 관한 문제다. 그것은 무한한 반복 이라기보단, 반복을 가정한 1회성이다. 다시 한번 반복된다 해도, 너의 선택에는 변함이 없겠는가? 이 순간의 이 자리로 몇 번을 다시 돌아온다 해도 그 선택을 하겠는가? 이 질문들에 '예'라고 대답할 수 있는 삶의 태도로, 지금을 살아가고 있는가? 후회하지 않을 수 있는 선택으로, 순간순간을 대하고 있는가?

그 순간으로 다시 돌아간다면 이번엔 어떤 선택을 하겠는가? 뒤돌아선 가정만 할 게 아니라, 차라리 그 선택으로 지금을 살아 가라는 것.

니체가 말하는 시간의 속성은, 과거와 현재 그리고 미래가 모 두 현재적이다. 내가 살아온 과거는 지금에 영향을 미치고, 내가 살아갈 미래 또한 지금에 영향을 미친다. 그렇듯 과거와 미래는 현재의 짐을 조금씩 떠맡으며 지금 이 순간에 모여 있는, 그 또한 현재이다.

우리 곁을 스쳐 가는 순간들의 속성은 어떠한가?

시간을 되돌릴 수만 있다면, 그 순간에 다른 선택을 했더라면, 삶의 양상이 조금은 달라졌을까? 니체의 대답은 '아니다'이다. 지금 내게서 반복되고 있는 시간의 성격이 바뀌지 않는 한, 당신은 새로 부여받은 어떤 가능성 앞에서도 같은 선택을 반복할 것이다. 과거에도 이러고 있었고, 미래에도 이러고 있을, 각자의 영원회귀다.

키에르케고르에 따르면 '반복'이란 자신에게서 반복할 만한 가치로 인정되는 것들을 되풀이하는 행위다. 실수란 것도 그렇지 않던가. 같은 이유에서 반복된다. 심리학적으로 말하자면, 익숙한 패턴 내에서만 자신이 상황을 컨트롤할 수 있다는 믿음으로 인해 다시 그걸 반복한다. 결국 컨트롤이 안 되는 결과도 반복이 되는 것이고…. 자신에겐 낯선, 다른 가능성으로의 확장을 생각해 보지 않는, 이 또한 일종의 체념이다.

순간을 대하는 태도란, 과거로부터 이어져 온 '존재와 시간'의 결과다. 우리는 그 태도로 다시 미래를 반복한다. 어떤 시간을 반복해 왔고 또 반복할 것인가의 문제는 이미 순간의 지점에 모여 있다. 흔히 하는 질문. 다시 태어난다면 어떻게 살 것인가? 그 대답이 지금과 똑같이 살겠다가 아니라면, 지금부터 그 대답대로 살아가면 된다. 그렇게 순간을 대하는 태도를 바꿀 때, 미래의 방향도 바뀌고 과거의 의미도 바뀐다.

효율성이 입증된 것도 아닌데, 아니 그렇게 해서는 안 된다는 것이 입증되었음에도 반복하는 과거. 그것을 폐기하는 것으로부터 우리의 내일이 시작된다고, 니체는 말한다.

우리는 많은 순간들을 어제의 관성으로 살고 있다.

내일이 궁금한가? 어제랑 똑같겠지. 오늘을 바꾸지 않는 한….

삶이 무료해지는 것은 차이가 없는 반복 때문이다. 자신에게 익숙한 것들을 안정감으로 여기며 그 바깥으로의 가능성을 제고해 보지 않는다. 356일의 일 년이 아닌 365번 반복되는 하루를 살아가고 있다. 굳이 어제와 오늘과 내일을 구분할 필요가 없는….

＊━━━◆◆◆━━━＊

'지금 알고 있는 것을 그때도 알았더라면….'

그럼, 지금은 다 알고 있다고 생각하나? 모든 걸 알고 돌아가도 어차피 너의 운명에 영향을 미칠 또 다른 모르는 것들이 여전히 존재할지 모른다.

다시 그 순간으로 돌아간다면 다른 선택을 할 수 있을까? 그 '다른'의 성질은 정말 다른 것일까? 물욕이 강한 사람은 그 선택지가 아닐망정 별다르지 않는 성격의 다른 선택지를 선택할 것이며, 명예욕이 강한 사람 또한 그에 준하는 다른 선택지를 선택할 것이다. 그 순간으로 돌아가 다시 선택한들, 실상 어떤 선택이었어도 지금의 이 자리로 회귀할 운명은 아니었을까? 나의 '존재'에 부단히도 영향을 미치는 시간의 관성, 그 굴레 안에서의 선택일 게 뻔하지 않은가.

그렇게 해야 뭔가 될 것 같은, 어떤 체계로 길들여진 생각으로 여지껏 되지 못한 반복만을 하고 있다면, 한 번쯤은 그 바깥의 가능성을 내다볼 만도 하련만…. 끝내 그 체계를 고집한다. 자신이 틀리지 않았다는 것을 증명해 보이고 싶어서, 언제나 그 신념 안으로 회귀할 뿐이다. 실상 신념이라기보단 회피의 증상이다. 자신이 틀렸을까 봐.

때문에 니체가 '망각'을 찬양한 것이기도 하다. 그로써만 우리에게 어제와 다른 성질의 내일이 열릴 수 있다. 지금 필요한 건 인내보다도, 차라리 몰락이다. 물론 지금까지 고수해 온 자신의 가치를 부정해야 하는 일은 힘들다.

잘못 아는 것도 '아는 것'이라, 그 익숙함 바깥의 낯설음을 기꺼워하지 않는다. 미지와 우연을 끌어안을 수 있는 긍정이 부족하다. 본인이 아는 대로만 하려 한다. 그래서 결국 자신이 무엇을 모르고 있는지조차 끝내 알 수 없게 된다.

때로 가장 빠른 길은, 다 지우고 다시 시작하는 것이다. 니체의 철학에서 몰락, 생성, 긍정은 이렇게 이어진다.

＊—‖—◆◈◆—‖—＊

현재가 가진 최고의 힘으로부터 너희는 과거를 해석할 수 있다. 너희의 가장 고귀한 특성들을 가지고 전력을 다해야만, 너희는 지나간 것 속에서 알 만하고 보존할 만하고 위대한 것이 무엇인지 알아낼 수 있을 것이다. 같은 것은 같은 것을 통해! 그렇게 하지 않으면 너희는 과거를 너희에게서 끌어내리는 셈이다.

〈슬램덩크〉의 정대만을 예로 들 수 있을까? 방황한 날들에 대한 처절한 후회, 그 반동으로 방황을 겪지 않았던 이들을 넘어선다. 되찾은 오늘의 열정은 잃어버린 시간 이전의 온도까지 뛰어넘는다. 그의 과거는 변하지 않지만, 이미 그 과거에 대한 해석이 변해 있다. 어리석은 자의 결론이 아닌, 치기 어린 날들로 겪은 성장통으로서…. 같은 것은 같은 것을 통해! 그런 영원회귀.

지나간 과거는 확정된 시간이다. 이미 일어난 사실은 변할 수 없다. 그러나 '지금 여기'를 내가 어떻게 살아가고 있느냐에 따라 과거의 의미는 얼마든지 바뀌어질 수가 있다. 시련과 절망이 일구어 낸 성취 앞에서, 과거는 버려진 실패가 아니라, 오늘이 있게끔 해준 그 또한 미래다.

미래와 현재, 과거는 서로에게 끊임없이 영향을 미친다. 치르치르 미치르에게 파랑새는, 니체의 표현을 빌리자면, 이미 도래해 있던 미래다. 우리는 현재로 숨어든 미래와 함께 살아가고 있다. 당신 얼굴에 묻은 얼룩은, 당신이 거울을 들여다보기 전까지는 당신에겐 아직 발견되지 않은 미래다. 이별이 되어 가고 있는지도 모르고 방치하는 권태, 그것이 행운인 줄도 모르고 성심을 다하지 않는 나태, 절망인지도 모르고 끌려가는 과태. 미리 알 수 있는 것들조차도 관심을 갖고 바라보지 않기 때문에, 현재로 숨어든 미래를 감지하지 못한다. 우리에겐 그렇게 미래로 깨닫는, 이미 과거가 되어 버린 현재가 무수하다.

시간은 개인적이며, 가치관의 차이 역시 매개하고 있는 시간의 차이에서 비롯된다. 삶의 태도가 견지하고 있는 적극성에 따라, 누군가는 이미 내 곁에 다가와 몸집을 불리고 있는 미래를 발견하지 못한 채로 살아가고, 누군가는 매 순간 새로운 현재를 발견한다.

지금까지 살아온 관성대로 떠밀려 가는 시간은, 경험적으로 가장 편한 방법론이라는 사실이 증명된 존재방식이기도 하다. 그래서 그 관성의 바깥에 어떤 실용과 합리가 놓여 있을지에 대해서는 질문하지 않는다. 퇴락하고 있다는 사실이 당장에는 잘 인지가 되지 않는다. 가시적 '증상'은 상당히 먼 시간에서 도래를 준비한다. 그러나 이미 우리 곁에 한참 전에 도래해, 그러한 미래로 자라나고 있었던 것이다.

'지금 알고 있는 걸 그때도 알았더라면…'

어느 지나간 날에도 우리는 이 말을 내뱉었다. 그때나 지금이나 우리는 변한 게 없다. 어느 시제를 살아가든, 당신은 지금을 반복하고 있을 것이다. 내일은 내일의 태양이 떠오를 것이라 기대하지 마라! 오늘 지고 있는 태양도 돌아보지 않는 이에게 내일의 태양은, 내일 이 무렵에 세상 끝으로 사그라들 오늘의 하늘일 뿐이다.

허무 너머로

'사막 너머에는 사막이 있을 뿐이다.'

영화 〈동사서독〉의 구양봉이 사막의 중심에서 읊조린 인생무상의 내레이션이었다. 사방이 '너머'로 둘러싸인 '한가운데'를 살아가는, 삶의 의미를 잃어버린 지 오래 되어 버린 검객은, 저 사막 너머에 무엇이 있는지를 궁금해하지 않는다. 어차피 그 너머에도 사막이 있을 뿐이다. 그러나 다시금 깨달아야 했던 허무는, 자신이 딛고 있는 '한가운데'도 돌아본 적이 없었다는 사실이었다.

천하를 호령하는 검객이 되고자 한 야망으로 고향을 떠났던 구양봉은, 그 야망 탓에 사랑의 비극을 감내해야 했다. 그가 그토록 욕망했던 강호를 등지고 사막의 객잔에서 해결사 노릇을 하며 살아가게 된 연유이기도 하다.

"사막 너머에는 뭐가 있죠?"

객잔에 잠시 머물렀던 젊은 무사의 질문에 대한 구양봉의 대답은 '사막'이었다. 사막 너머에는 또 사막이 있을 뿐이다. 누구나 저 너머에는 무엇이 있을까를 궁금해한다. 그러나 막상 그 '너머'를 넘어가 보면, 별다를 것도 없다. 또 다른 '너머'들로 둘러싸여 있을 뿐이다. 여기나 저기나 별반 다르지 않다는 사실만을 깨닫는다. 이것이 사막을 살아가는 구양봉의 노회함이다. '그럼에도 불구하고' 그 너머에 무엇이 있는지를 확인하고자 기어이 넘어가려 하는 젊은 무사의 미숙함. 구양봉에게도 그와 같은 시절이 있었다. 그러나 그 모든 것이 덧없고 헛되다는 사실을 이미 오래전에 깨달았다.

무사는 사랑하는 정인이 무사로서의 명성을 쌓는 데 방해가 될 거라는 기존의 생각을 고쳐먹고, 아내와 함께 강호로 나아간다. 방해가 되고 안 되고는 자신이 하기 나름이라는 조언은 실상 구양봉이 건넨 것이다. 떠나가는 부부의 뒷모습이 사막 저편으로 사라지도록 지켜보던 구양봉은, 정작 오래전의 자신은 왜 그런 선택을 하지 못했는가에 대해서 돌아본다.

구양봉에게도 저 사막 너머를 궁금해하던 시절이 있었다. 지금은 그렇지 않다. 저 너머에 무엇이 있는지는 눈앞에 펼쳐진 사막이 말해 주고 있다. 그러나 뒤늦게 찾아온 깨달음은, 사막과 함께한 짧지 않은 시간 동안 사막도 제대로 보지 못한 자신에 관한 것이었다. 곁에 있는 사랑도 지켜 내지 못하면서 저 너머의 강호를 지배하겠노라 홀로 길을 떠났던 자만심은, 속세와 떨어진 사막에서 달관한 듯 살아가는 지금도 마찬가지다.

현실을 마주할 수 없어 현실 밖으로 도피해 버린 자신이 이제야 보인다. 그날로부터 한 발자국도 걸어 나오지 못한 상처의 기억을 숨겨 놓은 사막이기도 했다. 구양봉은 객잔을 불태우고 길을 떠난다.

◆·—··—··◈·—··—··◆

허무란 무엇일까? 니체의 대답은, 가장 중요한 가치가 그 가치를 잃어버린 것. '왜?'라는 질문을 던지지 않는 것이다. 나의 '존재'에 부단히도 영향을 미치는, 이미 주어진 대답으로서의 체계. 그 바깥의 가능성을 포기하고 체념하는 삶의 태도. 그것은 생성의 힘이라기보단 '반동적 힘'이다. 이게 '니힐리즘(허무)'의 원인이다.

니체는 '넘는' 행위 자체를 긍정한다. 인생은 그렇게 끊임없이 거듭나는 자신을 긍정하는 시간이어야 한다. 적극적으로 그 허무를 살아 주는 것이다. 삶을 대하는 태도는 허무가 아니라 '넘어'이어야 한다.

인생무상(人生無常), 그것이 그대의 결론인가? 허무에만 고착되어 있는 삶은 사막 한가운데에서 사막을 돌아보지 않았던 구양봉과도 같은 경우다. 결국 인생도, 무상도 깨닫지 못한 자들의 어리석은 결론에 불과하다.

◆— —◆◆◆— —◆

영화 〈인셉션〉의 결말 장면. 와타나베 켄은 중층의 꿈속에서 노인이 되도록 갇혀 있다가, 비행기 안에서 그 긴 꿈을 깬다. 이는 『구운몽』 내지 '남가일몽'의 모티브이다. 그렇게 아등바등 한 세월을 살아왔는데, 결국 후회밖에 남지 않은 한 평생이 그저 하룻밤의 꿈에 지나지 않았다는….

크리스토퍼 놀란 감독이 이 영화를 제작하면서 적어도 『장자』의 한 페이지를 들여다봤을 것 같은 흔적이, 꿈에서 다시 현실로 넘어오기 위한 장치로 설정된 죽음이다.

方其夢也 不知其夢也 覺而後知其夢也.
(방기몽양 부지기몽야 각이후지기몽야)

꿈을 꾸고 있을 때는, 그것이 꿈인 줄 모른다. 깨고 난 후에야 그것이 꿈이었음을 안다.

『장자』의 '제물론'에 적혀 있는 구절. 꿈을 꾸고 있을 때는 그

것이 꿈인 줄 모르듯, 지금의 이 현실이 한바탕 꿈인 줄 모르고 그 꿈속을 살아가는 것일 수도 있다. 더 큰 깸이 있어, 깨고 난 뒤에야 비로소 이 삶 자체가 꿈이었음을 깨달을지 모를 일, 여기서 '큰 깸'이란 죽음을 의미한다.

꿈과 현실의 경계를 자주 넘나들었던 마리옹 꼬띠아르는 나중엔 현실의 세계를 악몽이라 생각하고 그 꿈을 깨기 위해 투신한다. 현실을 외면하면서까지 이상에 심취해 있던, 아니 어쩌면 부단히 그 이상으로 숨어들고 있던 그녀의 결론은 깨지 않는 꿈이었다.

정신분석에서 말하는 '환상' 개념을 불교의 유식론으로 이해하는 경우들도 있다. 지젝의 비유인 '실재의 사막'으로 설명해 보자면, 우리의 욕망은 결핍의 조건 속에 피어나는 신기루 같은 것이다. 불교의 논리로는 그 사막 자체도 없다는 것이다. 결국 이 담론의 방점은 우리가 바라보는 대로 세계가 존재한다는 것이지, 인생이 덧없는 시간이란 결론일 필요는 없다. 대중을 위한 석가모니의 설법이 허무의 결론을 향하고 있겠는가 말이다.

현실이 환상이란 사실을 깨달았다면, 깨달은 대로의 현실을 살아가야지. 세상만사가 환상이네 어쩌네 하며 '달관의 체스처'만 늘어놓으면 도대체 뭘 어쩌란 말인가. 그들에게 과연 종교와 철학은 안식처일까? 아니면 종말론자들의 그것과 별다르지 않은 도피처일까? 어차피 모든 게 환상이라면, 어떤 환상을 성실히 살아갈지를 고민해야 하지 않겠는가? 밑도 끝도 없이 허무로 치닫는 공허한 담론은 부처님도 경계하셨고, 번뇌 그 자체가 이미 해탈이라고 말씀하셨다.

빨리 어른이 되고 싶은 어린 꼬마의 낮잠 속에서, 꿈을 잃어버린 어른의 모습으로 살아가고 있는지도 모른다. 늙고 병든 노인의 초저녁잠 속에서, 그리운 젊은 시절로 돌아가 살고 있는 것인지도 모른다. 서둘러 이 꿈에서 깨려 하는가? 깨기만을 기다리며 꿈이 이끄는 대로 살아갈 것인가?

니체의 무심한 위로는 이렇다. 지금 이 모든 것이 꿈이라면 최선을 다해 그 꿈속을 살아가고, 현실이라면 또 그 현실을 열심히 살아가면 그만이다. 어느 쪽이 꿈이고, 어느 쪽이 현실이든 그것이 다하는 순간까지, 내게 주어진 것들에 대한 예의와 책임을 다하는 것. 꿈이든 삶이든, 어느 쪽에서도 충실하지 못한 이가 꿈과 삶을 논할 일은 아니지 않겠는가?

03

건강한 이기심

원작에서는 이블 퀸이 의붓어머니가 아닌 친어머니로 등장한단다. 아버지의 사랑을 독차지하다 못해 근친의 정까지 허락하면서 점점 막돼먹은 처녀로 자라나는 백설공주, 이 불량 왕족 소녀가 그녀에게 던진 생각 없는 한마디로 인해 우리가 익히 알고 있는 백설공주 스토리가 시작된다.

"남자에게 사랑도 받지 못하는 여자가 뭘 알겠어요?"

거울을 보는 이유는, 타인의 눈에 내가 어떻게 비치고 있는지가 궁금해서이다. 즉 거울은 타인의 시선을 매개하는 자신의 시선이다. 이블 퀸이 매일같이 거울을 마주하며 던진 질문은, 자신이 그토록 타인에게 사랑받을 자격이 없는가에 대한 질문이기도 했다. 거울에게 듣고 싶었던 대답은 언제나 이블 퀸 자신이다. 어머니로서의 모성애가 여자로서의 자괴감을 이겨 내지 못하는 순간부터, 거울의 대답은 백설공주였다.

자기애의 역설은 그 전제가 타인이라는 점이다. 나를 바라봐 주는 시선을 필요로 하는, 존재감의 공증에 대한 욕망이다. 자아 실현이라는 것도 그 기준이 순수한 자아는 아니다. 경우에 따라 서는 전적으로 타인에게 인정받을 수 있는 성과를 의미하기도 한다. 개인의 시선은 이미 어느 정도 타인의 시선에 오염되어 있 는 형국이다. 하이데거의 표현을 빌리자면, 나를 바라보는 것들 이 나를 존재케 하는 것들이다. 때문에 공증의 형식 자체를 욕망 하는 집착으로 이어지기 십상이다. 이블 퀸의 거울 같은….

우리가 매일같이 나 자신의 모습을 업데이트하는 SNS가 결국 은 이블 퀸의 거울과 같은 기능인 셈이다. 실상 우리는 매일같 이 타인들에게 묻고 있는 것이다. 이 세상에서 누가 가장 예쁘냐 고….

나 홀로 이 세상을 살아간다면 굳이 '나'라는 개념이 존재할 필 요도 없다. '너'가 있기에 '너'와 구분되는 '나'도 있을 수 있는 것 이다. 마찬가지로 '나'가 있기에 나 이외의 '너'와 '그들'이 존재하 는 것이기도 하다. 그들의 매개가 되어 주는 역할이 바로 '시선' 이다. '나'를 공인해 주는 필요조건은 나를 보아주는 타인들이다. 그렇듯 '나'는 '너'의 결과물이다.

타인의 시선이 내게로 향하지 않을 때, 우리는 상실감을 느낀 다. 그 시선이 나보다 훨씬 젊고 아름다운 백설공주를 향할 때는 더욱더…. 결핍이 채워지지 않을 시, 가장 손쉬운 충족은 이미 지니고 있는 것들의 의미를 팽창시키는 것이다. 미디어를 통해 자기 존재감을 확인하려 드는 과잉의 제스처들, 간간이 그로 인해 발생하는 사회문제들이 대표적인 증상이다. 결핍이 잉태한 과잉이라는 역설, 그렇듯 과대망상은 실상 좌절의 증상이다.

◆ — ◆ —— ◆ —— ◆ — ◆

우리는 순수한 나의 모습으로 살아가지는 않는다. 라캉의 표현을 빌리자면 이 사회에 '기입'되는 그 순간부터 관계의 메커니즘 안으로 던져지는 사회적 존재에게, 아무것도 매개하지 않는 순수 존재는 애초부터 가능하지 않다. 우리에겐 '나'로서가 아니라 남들이 '나인 줄 아는 모습'으로서 살아가는 시간들이 많지 않던가. 실상 '나'로 살아가기보다는 타자의 인식 속에 존재하는 '너'로 살아가는 시간이 더 많은 것이다.

"너답지 않게 왜 이래?"

"나다운 게 뭔데?"

상대가 생각하는 '나'는 따로 있고, 때론 '나'에 대한 규정을 타인에게 묻곤 한다. 이런 '나'와 '너'의 접점에서 발견되는 모순은, '나'의 무의식 속에 잠재해 있는 수많은 '너'의 담론들에 관한 것이다.

욕구 위계이론의 정점에 자리하는 단계는 자아실현이다. 그런데 그 자아실현이란 것도 먼저 그것을 보아주는 타자들이 존재하는 상황에서나 의미가 있는 것이다. 바로 아래 단계에 배치된 존경과 인정의 욕구가 충족된 상태에서나 자아실현도 가능하다. 이 이론을 끌어다 쓰는 많은 이들이 이 점을 간과하며, 타자의 시선으로부터 분리된 '순수 행복'의 지점이 있는 것처럼 열변을 토한다. 그들에게도 들어줄 청중들이 있어야 그 열변의 무대도 허락되는 일 아니겠는가. 타자의 시선이 닿지 않는 곳에서는 굳이 자아와 피아가 구분되어질 이유도 없다. 결국엔 '자아'도 타인들과 더불어 살아가는 사회에서만이 '실현'이 가능한 사안이다.

니체는 소유는 곧 소속이라고 말한다. 무엇을 소유했는가는, 어떤 세계에 소속되어 있는가를 말해 주며 그것으로의 심적 종속 상태이기도 하다. 소유하지 못했을 시에도, 소유하고 싶은 갈망에 준하는 심적 종속 상태이긴 매한가지. 이미 그 결여조차 소유의 방식이다.

소속을 이루고 있는 수많은 개체들, 그 사이를 흐르는 시선 속에서의 '너'로서 규정이 되는 '나', 자아는 곧 집단의 문제이기도 하며, 내가 누구인지에 대한 대답은, 내 발이 걸려 있는 세계 전체를 제고해야 하는 문제이다. 들뢰즈가 랭보를 인용한 구절, '나'란 한 사람의 타자다.(je est un autre)

세계는 서로서로의 시선으로 직조가 되어 있는 형국이다. 그렇기에 우리는 결코 타자의 시선으로부터 자유롭지 못하다. 그 시선들은 부담이며 권력인 동시에 욕망이기도 하기 때문이다.

우린 얼마나 많은 가면으로 세상을 대하고 있을까? 능력 있는 남편으로서, 의리 있는 친구로서, 노련한 상사로서, 열정적인 부하로서…. 수많은 관계를 욕망하고, 강요받고, 피곤해하며 살아가면서 때때로 그 관계로부터의 자유를 꿈꾸지만 또한 외로움에는 취약한 사회적 존재. 정작 그 자유의 순간에는 자신을 보아주는 세상의 시선이 없다는 사실이 불안이다.

인생을 연극에 비유하곤 한다. 우리 모두는 관객의 시선에 노출되어 있는 연기자다. 그리고 주인공으로서의 삶을 연기한다. 겸손과 양보, 희생과 봉사, 심지어 나눔과 사랑 속에서도 우리는 어느 정도 연기를 한다. 배려의 미덕조차 오롯하게 상대를 위한 것이라기보다, 선의로 점철된 스스로에게 전념하는 도덕인 경우도 없진 않다. 때로 우연히 가시거리 안으로 들어와 있는 목격자를 필요로 하며, 여의치 않다 싶은 경우 의도적으로 초대를 하기도 한다.

라캉에 따르면, 가면 뒤에 자신의 진짜 얼굴이 있는 게 아니다. 그저 텅 빈 공백만이 자리하고 있을 뿐이다. 자아라는 것은 차라리 벗어던진 가면에 묻어 있는 성질이다. 그것은 내가 지닌 속성이 아니라, 차라리 자신을 둘러싸고 있는 상황적 조건의 속성이다. 우리는 어떤 식으로든 관계의 연장에 있는 페르소나를 자아의 일부로 인식할 뿐이다.

니체에 따르면, 결국 모든 페르소나가 분열된 나의 자아다. 가면은 가리는 동시에 드러내는 성질이다. 내가 숨기고 싶은 것들과 상대에게 보이고 싶은 것 사이에 가로놓인, 불안과 위안의 양면성이다. 그것을 드러냄으로써 되레 숨기는 것들이 있지 않던가. 그러나 자신의 이면을 감추려 하는 그 모습조차 이미 밖으로 드러나는 성격이다. 어떤 가면을 택하느냐도 각자의 성향을 따르는 것일 테니까 말이다. 페르소나는 실상 이면을 경유하는 표면의 문제이기도 하다. 그 페르소나도 나의 일부다. 아예 내재하지 않는 것이 밖으로 드러나지는 않는다.

당당하게 살고 싶었으나, 때로 비굴할 수밖에 없고, 때로 비루할 수밖에 없는 세상살이. 최소한 지켜져야 하는 자존감이, 이건 전혀 나답지 않은 삶이라고 되뇌이고 있을지 모르지만, 조금 더 솔직한 내면의 목소리에 귀를 기울여 보면, 그 이전부터 너 자신으로 살고 있었는지도 모르는 일이다. 마치 마법이 풀린 피오나 공주의 반전과 같은 것이다. 가면을 벗어던지기를 갈망했지만, 정작 벗어 낸 가면이 나의 실상이었다는….

니체는 자아를 상품에 비유하기도 한다. 세상의 가치체계에 부합하고자, 부단히 타자의 시선에 노출시키며 자신의 가치를 피력한다. 자신을 살아갈 것이냐 세상을 살아갈 것이냐, 선택은 분명쉽지 않은 문제다. 하지만 절충적인 대안 정도는 한 번쯤 고민을해야 할 문제이기도 하다. 행복의 척도가 자신의 기준이냐 세상의 통념이냐는 행복의 내실까지도 결정하기 때문이다.

너는 안이하게 살고자 하는가? 그렇다면 항상 군중 속에 머물러 있으라. 그리고 군중에 섞여 너 자신을 잃어버려라.

니체의 한 주제는 '극복'이다. 부단히도 지금의 자신을 갱신하며 관성과 타성으로부터 자유로워지는 것이다.

인간은 누구나 관습의 결과다. 물론 이게 필요 없다는 게 아니다. 그 필요성이 확인되어서 계승되는 관습이란 것도 있다. 그러나 시대정신에 맞지 않아도 그 이유를 따져 묻지 않고 답습하는 '미덕'의 명분이란 것도 있다. 니체가 강변하는 '이기심'이란, 그부당한 사회성에 저항하는 개인을 요구하는 것이다.

관습에서 자유로워질 수 있는 사람이 다수일 필요도 없다. 다수 중의 하나라면 그닥 특별할 것도 없을 테니… 결국 그 소수들이 세상을 바꾸어 왔다. 다수로서의 삶을 안정성으로 끌어안고살 것이냐, 소수로서의 길을 진취적으로 디뎌 볼 것이냐. 물론 이도 개인의 성향에 따른 선택이다.

어차피 한 번 사는 인생, 이왕이면 자신만의 길 위에서 멋지게 부서져 보는 것도…. 게다가 평범한 삶조차 가능하지 않다면 차라리 그 길 위에서 한 번 불살라 보는 것도…. 니체는 사람은 저마다 타고난 재능에도 불구하고 소수만이 실제로 재능 있는 사람이 된다고 말한다. 니체가 언급한 재능이란 자기 자신이 될 수 있는 능력이다.

◆—※—◆◈◆—※—◆

점점 회식 문화도 사라지고 있고, '술 권하는 사회'에서는 진즉에 벗어난 사회 분위기. 회사가 정년을 보장해 주지 않는 시대에, 직원들에게 '가족 같은' 팀워크를 기대하는 것도 부당하다. 예전에는 저런 명분이 사회생활을 얼마나 잘 하는지의 척도이자 관계의 도덕이기도 했다.

그런 공동체적 가치가 필요 없다는 말을 하려는 게 아니다. 저것이 수용되면 이것까지 요구하는, 명분 없는 확장성이 문제다. 개인의 정신적 신체적 건강에 도움이 된다면, 타인에게 해를 입히는 일이 아니라면, 얼마든지 이기적으로 살아도 된다. 본인이 싫다는데, 이런저런 부당한 명분의 요구도 상징적 폭력이다.

니체가 강변하는 '이기적으로 살라!'는 이런 정도. 니체는 건강한 이기주의를 긍정하는 편이다. 남을 피곤하게까지 하면서 자신의 이기심을 관철시키려 드는 것도 상징적 폭력이다.

점점 더 개인주의가 도드라지는 시대. 자신의 경계를 침범받는 것에는 예민하면서도, 타인에 대해서는 선을 지키지 못하는 무례의 사례들은 또 얼마나 많은가 말이다.

스피노자에 따르면, 생명체는 생의 방향으로 진화를 결정한다. 그 과정에서 '이기적 유전자'가 생존에 유리했단다. 아이러니는 자기애도 타인을 전제로 한다는 점이다. '너를 위해서'라는 명분으로 행해지는 이기심도 어찌나 많은지. 사회적 동물에겐 타인의 존립은 근거인 바, 이기적이려고 해도 동시에 이타적인 척이라도 할 수밖에 없다. 이기적이기만 한 사람은 결국 그 자신도 될 수 없다. 도킨스도 결국 이 말을 하는 것이고, 애덤 스미스의 경제학이기도 하다. 빵 가게의 주인은 자신의 부를 위해 고객을 만족시키는 빵을 만들어야 한다.

하루의 생활을 다음과 같이 시작하면 좋을 것이다. 즉 눈을 떴을 때 오늘 단 한 사람에게라도 좋으니 그가 기뻐할 만한 무슨 일을 할 수 없을까 생각하라.

물론 나 행복하자고 하는 일이지만, 타인을 포함하는 이유일 때가 있다. 글과 그림과 음악도 그렇지 않은가. 나의 글과 그림과 음악이 있어 행복해하는 사람들이 나를 존경해 주기를 바라는

마음까지가 동력이고 목적이다. 누군가에게 필요한 존재가 된다
는 것. 그런 자신의 존재의미를 확인한 자에겐, 나를 필요로 하는
그 누군가가 필요한 것이기도 하다.

강자의 도덕

"20세기 초반 및 십 년 동안 유럽 지식인 공동체의 거의 모든 사람들은 니체의 지식을 읽으면서 니체를 곡해했지만, 철학에 대한 그의 영향은 제대로 표현하자면 미미했다. 여전히 칸트주의자들이 있고 헤겔주의자들이 있지만, 니체주의자들은 당시까지도 없었다. 철학자로서 그에 대한 첫 번째 인정은 불행하게도 '실존주의'라는 이름으로 진행된 강단철학에 대한 매우 영향력 있는 저항과 함께 나타난다. 니체 사상에 대한 진지한 연구는 그에 관한 야스퍼스와 하이데거의 저작 이전에는 없었다. 그러나 이러한 사실은 야스퍼스나 하이데거가 니체 학파의 때늦은 설립자로 이해될 수 있다는 것을 의미하지는 않는다."

— 한나 아렌트, 『정신의 삶』 중에서

아렌트뿐만이 아니라, 니체를 현대철학의 기점으로 보는 견해
는 대체로 이런 연유다. 아렌트의 분석을 대체로 들어 쓰는 것인
지도 모르겠다. 야스퍼스와 하이데거는 그녀의 사상적 토대가 되
는 스승들로, 실존철학의 양대 산맥으로 설명되기도 한다. 그래
서 니체를 실존철학으로 분류하는 이들도 있지만, 하이데거조차
도 자신의 철학이 '실존'으로 분류되는 것을 탐탁지 않아 했다.

야스퍼스는 '축의 시대'란 말로도 유명하지만, 실상 야스퍼스
가 활동하던 시기가 근대 철학과의 분기점이며, 한 번쯤 그 이
름을 들어봤을 법한 현대 철학자들이 이때 다 등장한다. 게다가
프로이트의 정신분석이 철학의 함수로 받아들여진 시기이기도
했다.

세계대전은 비극적 사건이었지만, 사상사적으로는 그 전쟁을
통해 각성하는 지식인들이 많이 배출된다. 그렇듯 때로 역사는
역설을 지닌다.

20세기 초반 니체를 곡해한 유럽 지식인 공동체의 경우는, 이
때 이미 니체가 유행하기 시작했다는 방증일 터. 어찌 됐든 이는
니체와 애증관계였던 여동생의 공로다. 나치와 관계를 맺고 있던
그녀가 히틀러에게 니체의 철학을 소개하기도 했고, 히틀러가 니
체에게서 영감을 받았다는 일화는 이렇게 이어지는 것. '강자의
철학', '힘에로의 의지'라는 문구부터가 혹할 만한 썸네일이었을
테니까.

무솔리니가 헤겔의 철학을, 히틀러가 니체의 철학을 왜곡하며 파쇼를 정당화했다는 사실은 유명하다. 그러나 전체주의에 대한 어떤 반박도 비겁한 자의 변명이 되게 하는 방식을 니체는 가장 경멸했다.

고착과 안주, 그리고 체계와 일률화의 명분을 넘어서는 강자의 도덕. 히틀러에게서는 이 '강자'라는 단어만 아전인수식으로 왜곡되었다. 독일 국민들의 광기는 일종의 피해의식이었다. 그 제물 중 하나가 유대인이었고…. 정작 니체는 '저들 때문에 내가 이럴 수밖에 없다'는 그 피해의식의 반동을 노예의 도덕이라고 일컬었거늘….

◆━━◈━━◆

루쉰의 단편 「총명한 사람, 바보, 노예」에 등장하는 노예는 거리에서 만난 사람들에게 자신의 불행한 처지에 대한 푸념을 늘어놓는 게 습관이다. 어느 날인가 그의 푸념을 듣게 된 '총명한 사람'이 건넨 위로는 '결국엔 좋아질 것'이었다. 어느 날인가 또 누군가를 만나 환기도 되지 않는 자신의 누추한 집에 대해 불평을 늘어놓던 노예, 그가 이번에 만난 누군가는 '바보'였다. 바보는 왜 주인에게 창문을 내달라고 요청하지 않느냐고 물었지만, 노예의 대답은 '그게 가능하겠냐?'는 반문이었다.

바보는 곧장 노예의 집으로 달려가서 집의 벽에 구멍을 내기 시작한다. 노예에게 창문을 내주려고 했던 것이다. 화들짝 놀란 노예는 바보를 만류한다. 주인에게 혼이 날까 두렵다. 그러나 바보는 구멍 뚫기를 멈추지 않았다. 노예는 다른 노예들을 불러 바보를 집 밖으로 내쫓는다. 뒤늦게 나타난 주인은 어떻게 된 영문인지를 물었고, 노예는 담벼락을 허물려고 하던 강도를 쫓아냈다고 대답한다. 노예는 주인에게 칭찬을 받았고, 많은 사람들이 몰려와 노예가 당한 불미스런 일에 대해 위로를 건넸다. 그 지인들 중에는 총명한 사람도 끼어 있었다. 노예는 총명한 사람에게 자신이 주인의 칭찬을 받게 된 경위를 설명하고, '결국 좋아질 것'이라던 총명한 사람의 '선견지명'에 존경을 표한다.

이 이야기에서 노예가 상징하는 바는 무엇일까? 부조리한 구조에는 불평을 쏟아 내면서 그 부조리에 저항할 용기도 없는 군상을 의미한다. 바보는 그 부조리에 맞선 신념을 직접 행하는 사람이다. 그러나 정작 그를 바보로 폄하하며 저지하는 집단은 그 부조리에 대한 불만을 늘어놓던 사람들이다. 그래 봐야 소용도 없을뿐더러, 나에게 피해가 될 뿐이라며…. 노예는 자신을 돕기 위해 팔을 걷어붙인 바보를 비난하고 그 공로를 주인에게 인정받는다. 실상 부조리는 노예를 가두는 벽이라기보단 노예의 존재기반이다. 주인으로부터 칭찬을 받기 위해선, 칭찬받을 일을 하기에 앞서 먼저 노예여야 한다. 이를테면 이 경우가 니체가 말하는 '노예 도덕'의 사례이며, 루쉰은 니체의 영향을 많이 받은 문인이다.

총명한 사람은 무엇을 상징하는 것일까? 변하지 않는 구조에 기생해 살아가는 지식인들이다. 니체는 괴이한 의사에 비유한 적이 있다. '고통을 가라앉히면서 동시에 상처에 독을 뿌리는', 치료를 하는 것이 아니라 환자로 하여금 병을 유지하게 하는…. 총명한 사람 역시, 겉으로는 민중을 위로하는 듯 말하면서도 결코 사회의 변화를 원치 않는 군상들이다.

＋—◆—◆—◆◆◆—◆—◆

"이 금도끼가 네 것이냐? 이 은도끼가 네 것이냐?"

금수저 은수저 담론에 빗댄다면, 오늘날의 산신령은 성실하고 정직하게 살아가는 이들이 만나는 행운이 아닌, 구조의 정점에서 하층부의 계급투쟁을 좌지우지하는 헤게모니로 존재하는 권력이다. 웃긴 건, 이 '도끼론'에 입각하여 기득권의 부조리를 성토하는 비기득권 내에서도 기득권을 모방한 위계의 담론이 작동한다는 사실이다. 쇠도끼에도 철도끼가 있고, 구리도끼가 있고, 스테인레스와 티타늄합금이 있으며, 그 범주에도 끼지 못하는 무딘 돌도끼와 남루한 도끼자루들이 중층의 소외를 겪는다.

구조적 문제는 분명 해결되어야 할 폐단이지만, 대개의 불평은 구조 자체에 대한 것이라기보단, 좀처럼 산신령의 은혜가 베풀어지지 않는 자신에 관한 것이다. 푸코도 지적하는 바, 우리는 구조의 피해자인 동시에 동조자이다.

✦━━━━━◆◆◆━━━━━✦

"나는 대리석에서 천사를 보았고, 천사가 자유롭게 풀려날 때까지 조각을 했다."

유명한 미켈란젤로의 정의, 조각가란 돌 속에 감추어진 그 형상을 발견하고 그 형상을 해방시키기 위해 잉여 부분을 제거하는 사람이다. 조각가에겐 그 해방의 도구가 (정과) 망치다. 망치의 철학자, 니체의 키워드인 파괴, 몰락, 경멸이 미켈란젤로와도 연계된다.

아직 돌에서 형상을 다 해방시키지 못한 듯한 '노예' 연작은 미완성으로 알려져 있었으나, 그 자체로 완성작이었을 거라는 견해도 있다. 노예는 제도에 갇혀 있는 이들이다. 신분으로 분류하는 그 제도란 게 얼마나 허황되고도 치졸한 관념이란 말인가.

니체가 말한 '주인의 도덕'과 '노예의 도덕'을 간략하게 설명하자면, 자기 존재를 스스로 규정할 수 있고 판단할 수 있는가, 아니면 외부 조건으로부터 규정되는 '~에 의한' 혹은 '~에 대한' 가치에 기댄 판단인가의 차이다. 자신이 입법자가 되어 삶을 능동적으로 디자인할 수 있는가, 아니면 반응적으로 살아가고 있는가, 그 질문을 관통하는 의지에 관한 이야기다.

＊— ＊ —•◦•— ＊ —•＊

니체에 따르면, 광기는 개인에게서는 드문 일이다. 그러나 집단과 당파, 민족과 시대에서는 일상적인 일이다. 그가 말한 광기란, 개인적이고도 병리적인 증상이라기보단 이데올로기적 현상에 관한 것이다. 이 광기가 보편적 도덕의 명분을 획득하게 될 시, 집단의 '위험'으로 간주되는 생각들은 '악'의 자격을 부여받는다. 파쇼에 저항했던 지식인들이 독일 민족의 자긍심을 부정했던 악이었던 것처럼 말이다. 니체가 해체한 선악의 메커니즘은 헤게모니를 선점한 집단의 폭력이다. '우리'에게 반하는 모든 가치들이 악이다.

니체의 궁극적인 주제는, 보편의 명분으로 개인을 얽어매는 가치들로부터 자유로울 수 있는 정신의 위대함이다. 저들이 주장하는 진리가 나에게까지 진리인 것은 아니다. 저들이 강요하는 신이 나에게까지 복음인 것은 아니다. 그 '진리에로의 의지'를 부정했다고 해서 악으로 내몰리는 상황이 과연 정당한 것일까? 니체는 이런 반성의 거리를 갖추지 못한 이들이 지향하는 시대의 미덕을 '의지박약'이라고 말한다. 무언가에 속박되어 그것에 복종하는 '노예의 도덕'이다.

　신이 그렇게 말했기 때문이라는 믿음 안에서, 갈릴레이와 코페르니쿠스는 악이 되었다. 그리스도 역시 당대의 질서를 위협하는 악으로써 십자가에 오른 인류사다. 니체는 자신들이 하는 짓을 알지 못한 채 수많은 악의 십자가를 세우고 있는 광기들을 성토한 것이다. 오늘날이라고 뭐가 다를까? 인간의 편의대로 신을 해석하는 이스라엘이 제정신인가?

05

지식의 위계

오늘날 한 음악가가 "나는 바그너를 증오하지만 여타 음악은 더 이상 참아 낼 수 없다"라고 말한다면, 나는 이 말을 완전히 이해할 수 있을 것 같다. "바그너는 현대성을 요약하고 있다. 별다른 도리가 없다. 일단은 먼저 바그너주의자가 되어야 한다."

니체는 처음엔 바그너를 존경하다가 나중에 가서는 결별하게 된다. 그의 음악이 점점 국가에 봉사하는 이데올로기화 되어 갔다는 이유에서이다. 그러나 그가 문화권력인 이상, 후학들에겐 그의 음악이 기준일 수밖에 없었다.

니체가 좋아했던 표어, 그리스 시인 핀다로스의 '바로 너 자신이 되거라!' 나중에는 쇼펜하우어와도 결별하지만, 쇼펜하우어가 위대한 건 이러한 모토를 실천하면서 살아간 철학자였기 때문이라며 옹호하기도 한다. 당시의 유럽 청년들에겐 헤겔의 철학이 인기였고 헤겔의 문체가 하나의 전범(典範)이었다. 수강생 모집에서 헤겔에게 처참히 밀린 수모까지 겪었어도 쇼펜하우어는 자신의 길을 간다.

늘 자성의 목소리를 내고 있지만, 여전히 허물어지지 않는 문단의 구조적 문제, 문단이 배출한 문인들이 각 대학의 문예창작과 교수로 재직하며, 다시 문단의 심사위원이 된다. 문학의 황금기였던 시대의 관성이 지금까지 권위로 존재하고 있다. 예비문인들 입장에서는 좋든 싫든 문단의 문법을 견지할 수밖에 없다. 문단의 문법은 예비문인들의 무의식마저 지배한다. 아무리 변화를 시도한들 도로 문단의 문법이고, 장르를 바꾸어 써봐도 다시 문단의 문체다.

한문학사에서 과거제도의 폐단을 논할 때, 고려 후기부터 조선 전기까지 유행한 소동파의 문체를 아울러 언급한다. 비판이란 것도 그와 견줄 수 있는 사람이 해야 설득력을 얻을 수 있다. 자칫 소동파에 대한 질투에서 비롯된 비판으로 들릴 수가 있으니까 말이다.

연암 박지원의 등장은 이런 의의도 지니고 있다. 정통의 글쓰기에서도 '최고'라는 찬사를 받았지만, 정조가 정치적으로 제재를 가한 소설체를 유행시킨 장본인이기도 했다. 연암 자신이 특정 이데올로기의 틀에 얽매이는 걸 싫어했던 성향이다. 니체가 그러했듯.

그런데 니체와 연암은 저것도 할 줄 알면서 이것을 한 경우이지, 이것만 할 줄 알면서 이것을 주장한 건 아니다. 룰을 바꿀 수 있는 역량도 그 룰 안에서 탄생하는 것. 달리 생각한다면, 토대가 되는 보편적 감각의 기본 소양인 거니까.

푸코가 말하는 '에피스테메(episteme)'란 시대마다 어떤 사조와 경향을 형성하는 사회적 무의식이다. 인식의 조건이 선행한다. 문단의 담론을 욕망하는 이들은 그 문단의 조건 안에서 인식하기 마련, 글은 문단에 가까워야 세련된 것이라고 느끼는 고정관념이 있는 거다. 푸코의 '권력적 지식'과도 이어지는 이야기다. 권력은 일방적으로 행해지는 것이 아니라, 대중의 동조로 작동한다.

물론 푸코는 비판적 스탠스만 취하는 건 아니다. 후설을 빌리자면 '의미'의 작용, 그 전제 안에서 인식이란 것도 가능하다. 우리가 세계를 바라볼 때, 자신에게 의미가 될 수 있는 정렬과 조합으로 인식한다. 그러니 어쩔 수 없는 일이기도 하다.

문제는 저런 담론 사이에서 기득과 소외가 발생한다는 점이다. 서점가에서 신인 작가의 책이 눈에 잘 안 띄는 이유는, 같은 주제의 기성 작가들이 점하고 있는 권위 때문이기도 하다. 독자들의 구매 조건 또한 선행하는 담론이 미치는 영향 안에서일 때가 많지 않던가. 신인 작가 자신도 그들의 글을 읽고 성장한 경우일 테니, 스스로 넘어서야 하는 딜레마이기도 하다. 그 시절을 살아가던 어느 작가에겐, '모닝빵처럼' 팔려 나간 책의 저자 푸코가 그 대상이었던 것처럼….

❖━━◈◆◈━━❖

"깊이가 없어."

작가를 꿈꾸시는 분들은 한 번쯤 경험해 봤을지 모를 품평. 걸 핏하면 무언가를 품평할 때 '깊이'를 들먹이는 사람들. 성향이야 사람마다 다르니 호불호가 있을 수 있는 일이고, 서로 다른 관점과 지평에서의 비판을 제기할 수도 있는 일이다. 그러나 단어 선택에 신중을 기해야 하는 이유는, '깊이'라는 표현 자체가 자신의 깊지 못함을 드러내는 고백일 때가 있기 때문이다.

깊이에 관한 발언 속에는 대개 '너의 관점보다 나의 안목이 더 깊다'는 분위기가 다분히 느껴지는 어휘들만 들어차 있지 않던 가. 어휘력이 부족하든가, 배려심이 없든가, 그렇지 않다면 상당한 착각에 빠져 있든가, 어느 한 조건을 충족시키고 있다면 그 또한 얕음의 증거다. 자칫 안목의 깊이가 아닌 주접의 깊이를 들킬수도 있다.

깊이란 가장 낮은 곳으로부터 재는 표층과의 거리이니, 깊이로 품평하고자 한다면 먼저 자신이 그에 합당한 바닥을 경험해 봤어야 할 일이다. 『도덕경』을 빌려 말하자면, 정말로 깊이가 있는 사람이라면 가장 낮은 곳을 경험한 사람이기에, 낮은 모습의 겸손과 관용을 아는 사람들일 게다. 깊이가 있는 자들은 자신의 깊이로 모든 얕음을 끌어안는 바다와 같기에, 그 어둡고 깊숙한 곳으로부터의 울림을 굳이 언어로 발화시키지 않는다.

하여 '깊이'를 들먹이는 품평 그 자체가 깊이를 체험하지 못한 이들의 이율배반적 성격일 가능성이 있으니, 크게 신경 쓰지 말 것. 그런 품평과 상관없이 묵묵히 자신의 심도를 길어 올리는 노력이 차라리 당신의 깊이를 증명하는 뚝심인지도 모르고, 그런 말들에 휘둘릴 정도라면 정말로 깊이가 없는 당신인지도 모르고….

"깊이가 없어."

타인의 기분을 생각하지 않고 이런 말을 내뱉을 수 있는 성격 자체가 이미 얕음이다. 그 의도가 투명하게 보인다. 자신의 능력이 허락하는 선에서 들어가 본 곳까지를 잰, 자신이 파악할 수 있는 한계다. 실상 그 깊이란 것이 자신이 파놓은 깊이에 함몰된 스스로에 대한 신뢰, 자기중심적 사고다. 그래서 우연히 자신의 깊이로 굴러 들어온 깊이만을 안다. 개미지옥에 빠진 개미를 긍정하며, '네가 정말 깊이가 무엇인지 아는 구나' 하며 잡아먹는 개미귀신과 다를 게 없는, 실상 깊이에 관한 말이라기보단 그저 뭐라도 한마디를 내뱉고 싶은 증상이다.

배를 타고 바다의 중심으로 나아가서 물을 관망하는 소요유의 단계가 아니라, 파도가 일렁이는 얕은 물가에서 바다를 깨달았다는 감회에 젖어 있다. 해변가에서의 자맥질, 그 소란한 잔물결들로 바다 전체의 깊이를 논하고 있다. 정말로 깊은 물은 그 깊이를 가늠할 수가 없다. 다시『도덕경』을 빌리자면, 자신이 얕기 때문에 그것의 심도를 제대로 알 수 없는 것이다.

니체는 사상가의 등급을 매긴다. 피상적인 사상가와 심오한 사상가, 철저한 사상가, 그리고 마지막으로 '지하의 사상가'로 나눈다. 기준은 심연의 깊이를 얼마나 체험했는가이다. 그 궁극은 심연의 바닥, 그 진흙에 머리를 처박고 있는 '사랑스런 지하인들'이다. 그들은 이미 깊이의 바로미터를 벗어나 있는 존재들이다. 이미 깊이를 잊었고 깊이의 제약을 받지 않는 경지다.

가장 낮은 곳에서 세속의 먼지를 흠뻑 뒤집어쓰면서도 연꽃을 피워 냈던 성현들. 석가모니가 그러했고, 그리스도가 그러했고, 공자가 그러했고, 니체의 차라투스트라 역시 별의별 거지 같은 사연들을 두루 겪으면서 위버멘쉬의 경지로 나아간다. 굳이 자신을 무언가로 치장하지 않으며 무엇이 되기를 자처하지 않는다. 하여 고고함이나 깊이의 언어 따위는 입에 담지 않는다. 언어적 수사 바깥에 놓인 그 자신들이 이미 충분히 고고한 존재들이었으니….

체험적 인문

칸트는 대학을 고집했고, 정부에 복종했으며 종교적 신앙의 위선 속에 머물렀고 동료와 학생들 사이에서 견뎌 냈다. 그러므로 그가 보인 본보기가 특히 대학교수와 교수 철학을 생산한다는 것은 어쩌면 당연하다. 쇼펜하우어는 학자 계급과는 별 관계를 하지 않으며, 따로 떨어져 있으면서 국가와 사회로부터의 독립을 추구한다.

쇼펜하우어에게 주어진 다른 큰 혜택은 그가 처음부터 학자로 정해져 그렇게 교육받지 않고, 싫어하긴 했지만 상인의 사무실에서 일하면서 청년 시절 내내 큰 회사의 자유로운 공기를 들이마실 수 있었다는 것이다. 학자는 결코 철학자가 될 수 없다. 왜냐하면 칸트조차 그렇게 할 수 없었고 마지막까지 그의 천재성의 타고난 충동에도 불구하고 마치 번데기 같은 상태에 머물러 있었기 때문이다.

『반시대적 고찰』은 초창기 작품이라, 아직은 쇼펜하우어에게 호의적이다. 이 책의 한 챕터를 '교육자로서의 쇼펜하우어'를 다루고 있을 정도로…. 니체는 칸트를 향해 비판만큼이나 존경심도 쏟아 낸다. 이런 점에서의 칸트와 쇼펜하우어의 비교일 뿐이다.

『어린 왕자』에 등장하는 지리학자는, 그가 다루는 학문이 지리인데도 연구실에 앉아 자료만 들여다본다. 자신의 직업에 상당한 프라이드를 지니고 있으며 결코 책상을 떠나는 일이 없다. 지리학자는 중요한 사람이기에 돌아다닐 수가 없다는 이유에서이다. 그런 건 탐험가가 할 일이며, 자신은 그 탐험가의 견문을 기록하는 사람이다. 그러나 직접 보고 들은 것이 아니기에 탐험가들의 진정성을 의심하기도 한다. 또한 직접 보고 들은 적이 없기에, 정작 자신이 딛고 서 있는 별에 대한 지리도 잘 모르고 있는 '전문가'였다.

니체는 학자들을 좋아하지 않았다. 지식사회에서 지식인들을 대하다 보면, 니체의 말이 무슨 의미인지를 알게 된다. 학계에 발을 걸고 있는 이들은 전공에서도 세부 전공으로 파고 들어가는 거니까, 그 지식의 깊이가 깊을망정 스펙트럼이 넓지는 않다. 물론 안 그런 분들도 있다. 아주 드물게….

제도권 바깥에서 폭넓은 공부를 하는 사람들도 있다. 그러나 또 독서 커뮤니티들의 착각은, 학계에 발을 걸고 있는 사람들이 강사 자리라도 따내려고 얼마나 치열하게 공부하는지를 모른다는 점이다. 물론 깊게 넓게 공부하는 재야의 고수들도 있고….

역술가 화풍정의 비유. 땅을 깊게 파려면, 넓게 파는 만큼 더 깊이 파내려 갈 수 있다. 다른 영역에도 관심 있어야, 본인의 영역에서도 전문성이 깊어진다. 학자나 작가나 예술가들의 성향이 대개 한 분야에 매몰하기 때문에 그런 확장적 경험이 부족한 편이다.

물론 안 그런 분들도 있다. 유튜브 시대에 대중에게는 이런 분들이 알려진다. 지식을 설명하는 방법론이 다채롭고 재밌으니까.

✦·──◆──·✦

도스토예프스키는, 덧붙여 말하자면, 내가 무언가를 배운 유일한 심리학자다. 그는 내 인생의 가장 멋진 행운 중의 하나다. 스탕달을 발견했던 것보다 더 멋진, 이 심오한 인간이 천박한 독일인을 하찮게 평가한 것은 열 번 지당한 일이었으며, 그는 그가 오랫동안 살았던 시베리아 형무소 수감자들, 사회로의 복귀 가능성을 더 이상 갖지 못하는 중범죄자들을 자신이 예상했던 바와는 전혀 다르게 느꼈다. 대략 러시아 땅에서 자라는 것

중에서 가장 최고의 재목이자 가장 강하고 가치 있는 재목으로 만들어진 인간들이라고 느꼈던 것이다.

서구에 비해 산업화가 늦었던 중국과 러시아는, 마르크스주의와는 다른 자생적 사회주의 토양을 지니고 있었다. 마르크스의 철학이 일방통행으로 러시아에 전파된 것이 아니라, 마르크스가 되레 러시아 사회주의자들과의 교류 속에 얻은 양분이 있다.

러시아의 사회주의 역사를 거슬러 올라가면 도스토예프스키에까지 닿는다. 아직은 왕정의 시대였기에, 정치범으로 몰려 시베리아 수용소에 갇히게 된다. 당시에는 정치범과 일반범죄자의 분리 수용이 이루어지지 않아서, 도스토예프스키에게는 일종의 견문이 된 경험이었다.

발터 카우프만에 따르면, 니체가 도스토예프스키의 『백치』에서 적지 않은 영향을 받은 것으로 보여진다. '내가 무언가를 배운 유일한 심리학자'라고 표한 존경심은 문학사에서도 많이 회자가 된다. 니체에게 심리학과 생리학은 중요한 도구였다. 니체에겐 형이상학보단 구체적인 삶의 모습으로 증명할 수 있는 실존적 방법론이었다.

그는 스피노자처럼 역사와 자연과학과 고대와 특히 실천적 활동의 도움을 받았다. 그는 순전히 그 자체로 통일체를 이루는 지평들로 자신을 에워쌌다. 그는 자신을 삶으로부터 떨어뜨리지 않고, 삶에 정위시켰다, 그는 겁내지 않고 가능한 한 많은 것을 자신에게, 자신 위에, 자신 안에 받아들였다. 그가 원했던 것은 총체성이었다. 그는 이성과 감성과 느낌과 의지의 분리에 대항하여 싸웠다.

망치의 철학자라고도 불리는 터, 여간한 철학자와 문인과 예술가들은 다 그의 비판 대상이다. 훗날 격상되는 니체의 브랜드 파워를 감안한다면, 비판의 대상이 되었다는 사실로 저 자신의 인문학사적 지위를 확인할 판이다.

그 와중에 호의의 지분이 월등했던 인물 중 하나가 '존경심을 느끼는 최후의 독일인'이라고 칭송한 괴테였다. 그에 관한 이야기다.

철학자들에게는 진절머리를 냈던 괴테도 스피노자만큼은 사랑하지 않을 수가 없었다. 스피노자의 '코나투스' 개념은, 생의 방향성을 향한 만물의 의지다. 그 중심에는 욕망이 있다.

스피노자는 이렇게 말했다.

"신은 우리가 할 수 없는 것이나 욕망하지 않는 것을 제외하고는 아무것도 금지하지 않는다."

물론 스피노자의 말이 욕망대로 살라는 의미이기야 하겠는가. 무언가에 매몰되지 않고 한정되지 않는, 폭넓은 체험적 인문에 대해 이야기하고 있는 것이다.

파우스트는 나중에 가서야 '헌신'으로서의 사랑을 깨닫지만, 책과 설교를 통해 도래한 각성이 아니었다. 직접 삶으로 겪어 본 것만큼 큰 변화의 계기도 없지 않던가. 하여 그의 경구처럼, 노력하는 한 방황하리라! 니체가 말하는 '총체성'이란 그런 체험적 인문이다.

괴테는 체험하지 않은 것과 고민해 보지 않은 것을 말로 해본 적도 없거니와, 말로 해본 적 없는 것을 글로 써본 적도 없었다. 그만큼 자신의 삶을 통한 체험을 토대로 글을 썼고, 그의 작품들은 그 결과다.

그런 작가가 되고 싶다는 욕망이 있다면, 그 작가처럼 살아야지, 그 작가의 글만 읽어서야 되겠는가?

◆—◆—◆◈◆—◆—◆

하나의 경구는 사유의 사슬의 한 마디다: 그것은 독자가 독자 고유의 방법을 사용하여 이 사슬을 재생하기를 요구한다: 이것은 매우 많이 요구함을 뜻한다. 하나의 경구는 월권이다.

가슴에 와닿는 격언이 그저 격언의 의미 이상은 아닌 채, 다시 책으로 돌아가 덮이는 경우가 있을 테고, 반면 그 격언으로부터 이전과 다른 시간을 생성해 내는 경우가 있을 테고…. 그것을 읽은 이가 이제까지 살아온 시간의 성질이 그 문장을 자기식대로 삶으로 받아들이는 것이다.

한 권의 책이 한 사람을 변화시킨다는 말, 일반화의 오류다. 책을 많이 읽는 주변 사람들을 살펴보라! 과연 그런가.

차라리 특수한 경우에 해당한다. 삶의 체계를 변화시키는 일에는 많은 것들이 요구된다. 하나의 체계를 무너뜨릴 수 있는 경구의 월권을 경험한 자들이나 변할 수 있다. 그런 사람들이 뭘 해도 해내는 것 아니겠는가?

이제부터 어떻게 살아갈 것인가에 대한 고민은,
이제까지 어떻게 살아왔는가의 문제에 걸려 있기도 하다.

심금을 울리며, 폐부를 찌르며 들어오는 한 줄의 격언. 예전에도 그것이 무슨 뜻인지는 알고 있었다. 그러나 그 문맥을 삶으로 겪은 후에야 그 진정성에 대한 이해도 가능하다. 절절한 사랑이 담긴 유행가 가사를 이별의 순간에서야 새삼 절실히 깨닫는 것처럼…. 이미 알고 있었던, 그러나 미처 알지 못했던 사실들이 그제서야 보이기 시작한다.

* — *— ◆◆◆ —* — *

모든 글 중에서 누군가가 그 자신의 피로 쓴 것만을 나는 사랑한다. 피로 쓰거라. 그러면 피가 곧 정신임을 알게 되리라. 타인의 피를 이해하기란 쉬운 노릇이 아니거니, 나는 한적하게 글 읽는 자들을 증오한다.

젊은 날의 헤세를 사로잡았다는 니체의 글쓰기 철학. 그만큼 심혈을 기울여 쓰라는 이야기다. 타인이 심혈을 기울여 쓴 타인의 글을 읽는 것만으로는 그 의미를 제대로 이해할 수 없다.
헤세는 이렇게 말했다.
"피에 대해 수사학적으로 열광하는 자들은 대개 그들 자신의 피가 아닌 다른 사람들의 피를 의미한다는 것을 배워야 한다."
언어에 대한 헤세의 철학은 책에서 취할 것이 아니라 삶으로부터 습득해야 하는 문제다. 작가의 이름을 지우고 보면 어떤 것이 누구의 것인지 모를, 그 계통의 전형으로 확립된 문체들. 그것은 피로 쓴 글도 아니며 자신의 정신도 아닌 것이다.
관념과 현학, 격정과 격조의 습작을 먼 훗날에 돌아보면 그만큼 유치한 문장도 없다. 서툴더라도 직접 자신의 피부를 베어 가며 써내린 문체들이, 차라리 진정성 있는 작가로서의 영점을 잡아 가는 순간들이다.

니체는 지식이 그의 능력을 표현한다기보단 그의 무능을 감추는 덮개 역할을 한다고 말한다. 앎에만 충실한 문인들의 위장을 니체는 경계한다. 삶을 말하고 있는 그들의 행간에 차고 넘치는 것은, 삶에 대한 무지다. 어떻게든 순간을 문자화시켜야 한다는 강박이 들어차 있을 뿐, 순간에 참여하는 법을 모른다. 앎으로만 배웠을 뿐, 삶으로 살아 본 적이 없기 때문이다.

니체는 자신이 딛고 있는 철학의 영역에조차 청진기를 들이민다. 과연 철학이 지혜를 사랑하는 학문일까? 철학뿐만이 아닌 모든 인문학이 스스로를 돌아봐야 할 이유가 아닐까? 그저 글을 쓰기 위한 '글로 머문 생각'들의 돌려막기에 지나지 않는 것은 아닐까? 자신들이 말하는 지식을 삶으로 겪어 본 적이 있는 경우가 얼마나 될까?

07

미네르바의 부엉이

끊임없이 질문을 던지는 일이라는 인문학에 관한 정의. 니체는 그것을 누가 왜 묻고 있는지에 대해서조차 묻는다. 질문이란 곧 질문자의 성향을 대변하며, 질문의 성격은 이미 대답의 성격을 내포하고 있다는 것. 니체가 오늘날의 니체가 될 수 있었던 건 일정 부분 하이데거의 공로다. 하이데거는 『존재와 시간』의 서문에서부터 니체의 '질문'을 소환하고 있다.

"묻는다는 일은 무엇인가를 묻고 추궁한다는 의미이므로 그 물음에 있어서 '물음을 받고 있는 그것'을 가지고 있는 셈이다. 무엇을 묻고 추궁한다는 것은 통틀어 무슨 방법으로나 무엇인가를 단서 삼아 물어본다는 것이다."

독일에 관한 질문을 던지는 자가 원하는 대답이 BMW와 벤츠에 대해서인 경우, 그가 니체와 괴테에 관한 질문을 던질 일도 없지 않겠나? 철학에 관심이 있는 자라면 그 질문에 대한 대답을 기필코 철학 안에서 찾아내려는 노력을 계속할 테고….

저 사람은 도대체 왜 끝까지 저럴까? 상식적으로 생각한다는 게 그에게는 그렇게 어려운 일인 건가? 하는 질문을 던질 때가 있지 않던가. 그가 그렇게 사유할 수밖에 없는 인식의 조건 안에서 조건화된 그 자신이기에, 사람이 여간하면 바뀌지 않는 것이기도 하다. 그를 둘러싼 그 인식의 조건 자체가 바뀌기 전까지는…. 그 조건이 결국 그가 겪어 온 시간이다.

❖━━◈━◈◗◖◈━◈━━❖

헤겔의 『법철학』 서문에 '미네르바의 부엉이는 황혼이 저물어야 그 날개를 편다'는 유명한 경구가 적혀 있다. 미네르바는 그리스 신화의 아테나에 해당하며, 지혜를 담당하는 신이다. 그녀의 상징이 부엉이다. 미네르바의 부엉이(지혜)가 저녁이 되어야 날아오르는 것처럼, 하루를 마감하는 저녁이 되어서야 그 하루를 이해할 수 있다는, 변증법의 정반합 서사에 대한 비유다.

니체의 저서 중에는 『우상의 황혼』이라는 제목이 있다. 해질 무렵의 길어진 그림자를 자신의 크기로 착각하는 오류의 시간이라는 함의다. 니체는 '피로'의 개념을 덧붙인다. 애잔히 저물어 가는 세상의 뒷모습을 지켜보는 해질 녘은 피로가 몰려오는 시간대다.

지평의 근거로서 경험은 분명 중요하다. 다 살아 보고 나서야 알 수 있는 삶. 이 얼마나 당연한 결과이겠냐만, 또 그것이 꼰대들의 정당화에 대한 근거이기도 하지 않던가. 꼰대들은 자신의 경험으로, 아직 겪어 보지 못한 사안들까지 예단한다.

니체에겐 과거의 독단이 보인다. 개인이 모여 이룬 사회 역시 이런 시간의 중력장에 휘어 들어오는 왜곡된 현상이다. 아무런 갈등 없이 기존의 가치를 고수하는 것을 안정으로 규정하지만, 안정이란 결국 기성과 기득의 권위와 욕망으로 유지된다.

니체만큼이나 오해된 철학자로 불리는 헤겔인지라, 비판하는 입장과 변호하는 입장 차이가 있을 수 있다. 니체의 계보들이 자주 비판을 가했을 뿐, 정작 니체 자신은 헤겔을 비판하는 만큼 존경을 표하기도 한다.

정오의 태양이 빛나고 있었을 때, 차라투스트라는 자신의 심장에 대고 이렇게 말했다. 그때 그는 무슨 일인가 하면서 위를 올려다보았다. 머리 위에서 날카롭게 우짖는 새소리가 들렸기 때문이다. 그런데 보라! 독수리 한 마리가 커다란 원을 그리며 공중을 날고 있고, 뱀 한 마리가 독수리에 매달려 있었다. 뱀이

독수리의 목을 감아서 지탱하고 있었기에 먹잇감이 아니라 여자친구처럼 보였다.

정오와 짧은 그림자는 그런 오류의 가능성에 대한 겸허를 의미한다.

새들은 중력으로부터 자유로운 존재다. 중력을 이겨 내고 날아오른다. 독수리는 최상위 포식자, 아무런 한계도 경계도 그어지지 않은 창공에서 스스로 입법자일 수 있는 강자의 도덕이다. 니체는 긍지의 동물로 설명한다. 허물을 벗는 뱀은 지혜와 성장, 변화를 의미한다.

니체는 『아침놀』이란 책 제목을 통해, 우연에 열려 있을 것을 강변한다. 아침은 정신의 피로는 물러가고 활력을 되찾은 시간대, 새로운 것들의 도래를 기다리는 시간대이다. 태양이 최고조에 이르고 그림자가 최소한으로 줄어드는 '젊은 정오'를 향해 가고 있는 아이의 시간대, 끝이 없는 호기심으로 새로운 가치들의 발견 혹은 창조가 이루어지는 시간대이다.

시작이 설레이는 이유는 다가올 시간들에 대한 불확실성 때문이다. 무슨 일이 벌어질지 모른다는 우려보다는 무슨 일이 일어날 수도 있다는 기대가 앞서 있다.

그러나 사람들은 지금까지 살아온 관성의 질서에서 벗어나는 것을 두려워한다. 익히 알고 있는 범주에서 벗어나는 것을, 과거가 설정해 놓은 궤도에서의 일탈을 두려워한다. 그 결과 미지와 우연의 자율성을 철저히 거부하는 습관으로 굳어 간다. 긍정의 철학자에게 삶의 긍정은 하루의 우연을 끌어안는 아침으로부터 시작된다.

터오는 동과 함께 새롭게 부여되고 있는 오늘은, 아직 아무것도 정해져 있지 않은 채 밝아 오는 희망이기도 하다. 또 하루가 밝아 온다. 오늘은 어떤 일이 있을지 아직은 알 수 없다. 인생 아직 모르는 거다.

✦━━◆◆━━✦

마흔을 일컫는 '불혹(不惑)'이란 단어는 그 출전이 『논어』다. 간과하고 있는 사실은, 공자 정도나 됐으니 가능했던 성취라는 점이다. 세상의 모든 마흔에게 그 자격이 주어지는 것은 아니거니와, 마흔에 이른 누구나가 다 세상에 혹하지 않는 것도 아니다. 하지만 이 단어들이 의미하는 바에 합당한 자신인가를 반성하기보단, 해당하는 나이에 권위를 실어 주는 단어가 되어 버렸다. 안타깝게도 인격의 성숙은 나이와 비례하는 것만은 아니다.

사람들은 40세를 넘기면 자서전을 쓸 권리가 주어진다고 믿는다. 왜냐하면 가장 열등한 인생을 살아온 사람일지라도, 그 나이가 되면 사상가 못지않은 사건들을 체험했을 것이고, 시인 못지않은 격랑을 이겨 냈기 때문이다. 그러나 문제는 자신의 삶이 지켜온 신앙을 고백하려는 그의 욕구에 있다. 분명 이것은 오만이다.

니체가 지적하는 마흔의 오류다. 자신들의 생각이 틀릴 수도 있다는 가능성을 제고하지 않으며, 틀린 생각을 떨쳐 내지 못한다. 그러나 서점가에서 여전히 유효한 구매력인 '마흔' 시리즈들은, 평균수명의 반을 넘어가는 변곡점에 서 있는 시간들이 어느 때보다 많은 걱정들을 안고 살아간다는 반증이기도 하다. 자신이 살아온 시간을 근거로 하는 확신이 빚어내는 미혹(迷惑)의 참사, 그 절정에 걸려 있는 때가 마흔이라는 것을 간파한 상술이기도 하다. 결국 이런 마흔 시리즈들은 40대들을 '위해' 존재하는 것이라기보단 40대들에 '의해' 존재하는 것이다.

공자는 40세를 자신의 얼굴에 책임을 져야 하는 나이라고도 말한다. 얼굴은 자신이 밟아 지나온 시간에 대한 긍지와 확신의 표현이기도 하다. 마흔의 나이는 더 이상 얼굴의 변화를 감당해 낼 수 있는 피부탄력이 아니다. 이미 굳어질 대로 굳어진 가치관이 관상의 깊은 흔적으로 남게 되는 시기다.

'지나고 보면 어른들 말이 다 맞다.'

물론 한 사회를 먼저 산 사람들의 경험과 노하우는 흘러들을 것들이 아니다. 그러나 단지 시간의 누적만으로 모든 정당성이 획득되는 것은 아니다. 나와 당신은 어떤 어른일까? 어린 세대는 이해하지 못할 논리를 늘어놓으며 자신이 겪은 세월을 인정받으려 하고 있지는 않은가? 마치 자신의 생각이 정답인 양 강요를 하고 있진 않은가? 다 안다는 착각으로 무엇을 모르고 있는지를 모르고 있지는 않은가? 그래서 불혹의 나이에 그렇게 유혹에 시달리고 있는 것은 아닐까?

공자는 이렇게 말했다. 年四十而見惡焉 其終也已(년사십이견오언 기종야이). 나이 마흔이 되어서도 미움을 받는다면, 그냥 그것으로 끝이다. 불혹이 가능하지 않으니, 미움의 목소리도 곳곳에서 들려올 것이다. 불혹을 입 밖으로 꺼내기에 앞서, 스스로가 저지르고 있는 미운 짓이 있지는 않은가에 대한 안으로의 성찰이 필요할 것이다. 그리고 난 후에 비로소 어른이란 칭호도 부끄럽지 않을 수가 있을 것이다.

08

심연의 괴물

어느 마을에 마녀가 살고 있다. 마녀는 자신의 젊음을 유지하기 위해서 어린 소녀의 정기를 필요로 한다. 마녀의 마법이 두려웠던 마을 사람들은 매년 한 명의 여자아이를 제물로 바쳐야 했다.

한 소녀가 있다. 그리고 그녀를 사랑하는 한 소년이 있다. 소녀가 마녀의 제물로 바쳐질 위기에 처했다. 소녀와의 이별을 슬퍼하던 소년은, 우연찮게 들은 항간의 소문을 통해, 마녀의 힘이 마녀가 가지고 있는 거울에서 나온다는 사실을 알게 된다. 소년은 그 거울을 없애고 소녀를 구하기로 결심한다.

소녀가 제물로 바쳐지던 날, 마녀의 성으로 몰래 잠입한 소년은, 마녀가 소녀의 정기를 취하려는 순간에 극적으로 나타나 마녀의 거울을 깨뜨린다. 힘없이 주저앉은 마녀는, 이내 한 줌 재가 되어 바람으로 사라져 갔다. 소년이 소녀를 구한 것이다.

그런데….

마법의 거울이 깨지던 순간에 흩날린 작은 파편이 소녀의 눈에 들어갔다. 소녀의 눈엔 소년이 마귀로 보인다. 마귀의 모습에 놀란 소녀는 소년에게서 달아난다.

어릴 적에 보았던 〈어린이 명작동화〉의 내용이었던 것 같긴 한데, 결말이 정확히 기억나지는 않는다. 어린이들 보라고 만든 만화가 비극으로 끝나지는 않았을 테고…. 그러나 그 대강이라도 기억하는 이유는, 그 반전의 스토리가 우리 삶에 대한 알레고리 같았기 때문이다.

최선을 다한 것뿐인데, 결과적으로 사랑은 깨져 버렸다. 사랑이 마녀 때문에 깨어지는 것만도 아니다. 마녀를 물리치겠노라 저지른 용단이 도리어 사랑을 떠나가게 한다. 최선을 다해 살아가는 것뿐인데, 때로 최선으로 체득한 삶의 방식이 도리어 자신의 삶을 집어삼키기도 한다. 부조리에 저항하는 와중에, 그 빈번한 마주침 속에 저 자신도 이미 부조리의 일부가 되어 있다는 사실을 발견하기도 한다.

니체가 이르길,

괴물과 싸우는 사람은 그 싸움 속에서 스스로도 괴물이 되지 않도록 조심해야 한다. 우리가 괴물의 심연을 오랫동안 들여다본다면, 그 심연 또한 우리를 들여다보게 될 것이다.

어느 순간 괴물의 모습으로 괴물을 성토하고 있는 나 자신을 발견할 때도…. 경멸했던 사람들의 모습을, 언젠가부터 자신이 그런 모습으로 살고 있기도….

* — ∙ — ∙◆∙ — ∙ — *

차라투스트라가 대답했다.

뭘 그리 놀라는가? 인간은 나무 같지 않은가. 나무가 높고 밝은 곳으로 뻗어 오르려 할수록, 그 뿌리는 더 힘차게 땅속으로, 저 아래로, 어둠 속으로, 깊은 곳으로, 악 속으로 뻗어 나가지.

보이는 현상 이면에 흐르고 있는 보이지 않는 힘에 관한 이야기다. 다양한 해석이 가능하겠지만, 동경 이면에 존재하는 경멸에 관한 설명이기도 하다. 동경의 대상은 곧잘 되레 경멸의 대상이 된다. 그 모두가 자신이 지닌 욕망의 방향성이기도 하기에…. 다른 누군가들도 그런 마음으로 당신을 경멸한다. 겉으로는 웃음과 악수를 건네면서….

"자네는 그 경멸이 어떤 것인지를 모르고 있어. 그것은 과장된 찬사로만 표시된다네. 자네가 바보라면 그런 찬사에 속아 넘어갈 수도 있을 거야."

—스탕달, 『적과 흑』 중에서

질투에 관한 니체의 정의. 은밀한 경탄, 불행한 자기 주장.

니체는 평등을 거부한다. 사회학에서 말하는 보장적/보상적 평등에 관한 거부가 아니다. 키에르케고르의 말로 대신하자면, 질투란 평등화에서 벗어나는 모든 것을 수평화하려는 노력이다. 키에르케고르에 따르면, 미운 오리 새끼는 결코 백조가 될 수 없었다. 오리의 체계에 사로잡힌 체념, 그 중력을 벗어날 수 없기 때문에….

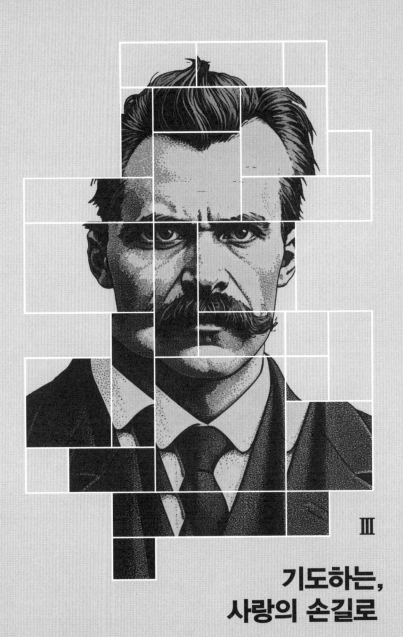

Ⅲ

기도하는,
사랑의 손길로

신이 죽은 이유

내 삶에서 가장 아름다운 우연에 속하는 스탕달은 −그를 우연이라고 말하는 이유는 내 삶에서 신기원을 이루는 모든 것은 우연이 내게 몰아댄 것이지, 결코 누군가의 권유에 의해서가 아니기 때문이다− 앞을 내다보는 심리학자의 눈과, 가장 위대한 사실적인 인물이 곁에 있음을 상기시켜 주는 사실에 대한 파악력을 지닌 진정 귀중한 존재다. … 아마도 나 자신은 스탕달을 부러워하는 것이 아닐까? 그는 바로 내가 할 수 있었을 그 최고의 무신론자 위트를 빼앗아 가버렸다. "신의 유일한 사과는 그가 존재하지 않는다는 것이다." 나 자신은 어디선가 말하기를: 지금까지 인간 삶에 대한 최대의 반증이었던 것이 무엇인가? 신이다.

스탕달이 활동했던 낭만주의 시대에는 기독교적 봉건적 질서 체계에서 벗어나 개인의 감정을 소재로 한 소설들이 유행이었다. 『적과 흑』의 주인공은 출세지향적 속물근성을 타고난 남자다. 그래서 사제가 되기로 마음먹는다. 이미 이 시대에는 사제의 길이란 것도 계층이동의 수단으로 전락해 버린 경제학이었다. 그가 지닌 신앙심이란 게 진정성일 리도 없다.

속물근성으로 살려면, 아예 삶의 모든 것들을 그렇게 바라봐야 불편함이 없으련만, 또 사랑만큼은 진실을 추구한다. 이로 인해 비극으로 흘러가는 서사다. 귀족 사이의 결혼이란 가문끼리의 경제학이었던 바, 다른 건 다 속물근성인 한 남자의 순정에 흔들린 한 귀족 여인이 그 비극의 단초가 된다.

누굴 탓할 수 있나? 그녀도 그런 사랑이 해보고 싶었고, 그런 사랑을 받아 보고 싶었던 것뿐이니. 내 마음이 내 마음대로 되지 않는, 그런 게 사랑이니 말이다.

소설은 시대의 도덕을 탓해 준다. 그 도덕 중 하나가 기독교의 신이다. 사랑은 시대의 도덕을 깨부수고, 자신이 생각하는 신을 향해 날아간다. 니체가 여기서 팁을 얻은 것. 니체의 무신론은 오해의 여지가 있다. 스탕달의 의도도, 불합리한 당대의 도덕체계에 대한 비판이었지, 신적 존재 자체를 부정한 건 아니다.

『적과 흑』에 나오는 다음 구절로 대신할 수 있을까?

"아니, 성경의 신은 아냐. 잔인하고 복수욕에 가득 찬 그 옹졸한 폭군은 아니지. 차라리 볼테르의 신, 정의롭고 선량하고 무한한 신이겠지."

'신의 죽음'이란 표현도 이 소설에서 먼저 언급된다. 스탕달은 소설의 제목을 『적과 흑』이라고 붙인 이유에 대해 밝힌 적이 없다고 한다. 그래서 이런저런 해석들 중에 '정설'이 존재하는 형국이다. 검은색은 주인공이 사제의 길을 택한 신학도라는 상징. 빨간색의 힌트는 소설의 초반에 제시되어 있다. 어두운 성당 안으로 들어선 주인공이 성수대에 담긴 성수가 핏빛을 띠고 있는 광경에 전율을 일으키는 장면이 있는데, 이는 창문의 진홍빛 커튼을 투과한 빛이 성수대를 비치고 있었기 때문이다. 이것이 피의 혁명을 상징하는 하나의 복선이었다는 해석.

이 소설에는 여간한 니체의 주제가 다 등장한다고 보면 된다. 니체가 궁극적으로 하고자 했던 말은 뭘까? 자기 삶에 스스로 입법자가 되어야 한다는 것. '무엇을 위해?'라는 질문에는, 니체를 대변하는 가장 유명한 대답. Amor fati. 삶을 사랑하기 위해.

+◆— —— —◆◆◆◆— —— —◆+

산다는 건 무엇일까? 어쩌면 삶을 깨닫기 위해 우리는 이 삶을 소비하면서 살아가고 있는 것인지도 모른다. 하지만 삶을 다 소비하는 순간에 깨달아야 하는 것은 정작 삶이 아닌 죽음이라는 역설, 하여 인류는 죽음 이후의 시공간을 확보하고자 부단히도 노력을 했던 것이다. 하지만 죽음 이후라는 가설이 죽음 이전의 시간을 지배하는 역설이 펼쳐졌다.

인류는 겪을 수도, 알 수도 없는 죽음에 대해 끊임없는 질문을 던져 왔다. 죽기 전까지는 결코 알 수 없는 것들에 대한 질문에, 살아 있는 종교인들과 철학자들은 대중들의 불안을 달래 주기 위한 대답을 내놓을 수밖에 없었다.

인류가 '언젠가 저기'를 설정한 애초의 이유는 결코 죽음 이후의 시간이 아닌 '지금 여기'에서의 삶이었다. 종교의 시대로 접어들면서, 증명도 되지 않은 저 너머를 향한 믿음으로 현재를 살아가기 시작했다. 마르크스의 말마따나 '천상의 힘으로 지상을 지배하는' 형국이 되어 버렸다.

신앙이 내세를 보장하는 시대로부터 벗어나면서 인류는 죽음을 고민하기 시작했다. 죽음에 대한 고민이 꼭 허무를 양산하기만 하는 건 아니다. 믿기만 하면 내세가 무언가를 보장한다는 믿음이 약해지면, 인간은 차라리 삶을 더욱 진지하게 고민하게 된다.

죽음의 순간에 '주마등처럼' 스쳐 가는 기억들은, 이제 곧 정지될 욕망체계가 가장 행복했던 순간이나 끝내 하지 못해서 후회하는 순간들을 떠올리는 것이란다. 실존철학에서는 절망과 불안 같은 부정적 정서로부터 희망을 추출한다. 부정의 끝에 놓인 죽음 역시 삶을 유지하는 긴장감으로서 해석된다. 당장 내일 죽어야 할 운명이라면 오늘을 그냥 이러고 보내겠냐 말이다.

정신분석에서 말하는 '죽음 충동'이란 것도 죽고 싶은 충동에 대한 이야기가 아니다. 결국엔 삶에 대한 의지다. 지금이 해명되지 않기에, 어디서부터 잘못된 것인지에 대한 질문을 던지면서 보다 이전 단계로의 퇴행을 모색하는 것이다. 다 지우고 다시 시작하고 싶은 무의식적 열망이다.

◆━━◆◆◆━━◆

'생각한다. 고로 존재한다.'

지금 생각하면 저 말이 뭐가 그렇게 대단한 것인가 싶지만, 데카르트의 '생각'은 철학이 신학으로부터 분리되는 단초가 된다. 그리고 과학혁명으로까지 이어지는 함수이기도 했다.

이전까지 기독교 사회에서의 삶이란, '신의 뜻'대로 살아가는 것이었다. 그러나 인간은 '과연 그것이 정말 신의 뜻일까?'를 의심할 수 있다. 모든 것이 신의 뜻이라면, 우리의 사유가 왜 그것을 의심할 수 있는 것일까? 사유만큼은, 그것이 신의 결과일망정, 신에게 종속된 것이 아니다.

생각하기에 존재하는 인간은, 되레 존재의 끝을 생각하기도 한다. 하이데거는 우리 모두가 죽음에 이르는 존재가 되어야 한다고 말한다. 우리의 하루가 가치 있을 수 있는 이유는 우리가 언제고 죽는다는 전제로부터이다. 오늘이 마지막인 날인 것처럼 살아야 하는 이유는, 우리가 정말 내일 죽을지도 모르기 때문이다.

죽음은 삶의 범주로 들어와 있는 생의 일부이기도 하다. 가치 있는 죽음을 생각한다는 것은 결국 가치 있는 삶에 대한 의지이기도 하다. 언제 죽을지 모른다는 불안 속에서 되레 삶의 기술과 생의 욕망이 한층 증강된다. 죽음은 살아 있는 동안의 시간에 의미와 가치를 부여하는 효용이다. 언제 멈출지 모르는, 단 한 번인 삶이기에…. 영생의 시간 앞에서는 이 삶의 시간이 지니는 기회비용에 대해 고민할 이유도 없지 않겠는가? 하여 갖은 낭설로 죽음을 해명할 일이 아니라, 차라리 두려운 대로 받아들이는 것이 삶에 대한 해명일 수 있다.

허무에 대처하는 니체의 자세는 이런 '유한'의 전제다. 개개인에게 주어진 시간은 영원하지 않다. 그러나 삶의 의미는 이런 유한함 속에서만이 발견될 수가 있다. 끝도 없이 계속되는 인생이라면 스쳐 지나가는 순간순간에 의미를 부여할 필요가 없다. 무한한 선택의 기회 앞에서는 언제고 다시 선택하면 그만인 일이다.

죽음의 두려움을 극복하고자 죽음 이후의 시간을 발명한 이후, 삶의 시간을 고스란히 죽음을 위해 소모하는 경우들이 발생했다. 니체는 '여기'가 아닌 '저기'에서 진리를 찾고자 했던 모든 철학자들을 '죽음의 설교자'로, 기독교를 대중화된 플라톤주의라고 표현한다.

스피노자가 이르길, "자유인은 결코 죽음을 생각하지 않으며, 그의 지혜는 죽음이 아니라 삶에 대한 성찰이다." 공자께서도 가라사대, 삶도 다 모르면서 죽음을 알려 하는가?(未知生 焉知死, 미지생 언지사)

우리가 알 수 있고 할 수 있는 일이라곤, 죽을 때까지 죽음 힘을 다해 사는 것. 그렇게 살아도 삶의 마지막 순간에 인생을 후회 없이 돌아볼 수 있을지를 장담할 수 없는 마당에, 죽음 이후를 장담하는 말들을 늘어놓는 오즈의 샤먼들.

그리스도께서도 말씀하시길,

"기다린다고 오지 아니하니, 여기 있다 저기 있다 할 것이 아니라. 아버지의 나라가 지상에 펼쳐져 있으나 사람들이 그것을 보지 못하느니라.(도마복음)"

인간의 조건

"신은 죽었다!"

니체를 대변하는 가장 유명한 말이지만, 그는 기독교의 위대한 역사적 순간들을 부정하는 것이 아니다. 역사의 어느 순간부터 기득권에 의해 교조화되어 온 역사를 거부하는 것이다. 한국의 기독교도, 양반네들의 지독한 계급의식에 시달리던 민초들에게 평등사상을 심어 준, 얼마나 위대한 역사인가 말이다. 그러나 지금의 작태로 본다면 그냥 넘어갈 수 없는 문제이기도 하다. 니체의 입장도 그렇다.

아렌트의 『인간의 조건』에는 그런 이야기가 나온다. 로마는 그리스 문화를 받아들이면서도 아고라 문화는 철저히 탄압했다. 개개인의 정치적 견해들이 힘을 얻기 시작하면 기득권의 정치인들 입장에서는 골치가 아픈 일. 기독교 공인 이후에는 신앙이 사적 사유의 자유를 견제하는 명분이 된다.

신의 죽음은, 과학혁명 이후 점점 기독교 사회의 관성에서 벗어나고 있던 세태를 의미하기도 한다. 기독교의 세도 약해지고 있는 오늘날에 니체의 기독교 비판이 얼마나 울림이 있을지는 모르겠다. 시대에 부합하는 방점은 종교에 대한 비판보다는 권력층과 기득권에 대한 비판이다. 이건 어느 시대에든 현재진행형인 문제니까.

◆━━◆━━◆◆◆━━◆━━◆

진보적 가치에 발을 걸치고 있는 철학자들은 민주주의의 부정적인 증상의 하나로 '안정'을 꼽는다. 아무 일도 일어나지 않는 것, 그 무사안일이 누구의 기준에서의 안정인가를 묻는다면 물론 기득권의 입장에서이다. 비기득권 역시 안정을 원하지만, 기득권이 욕망하는 가치와 같은 좌표선상의 안정은 아니다.

삶, 그 생동의 시공간에서 역동성을 제거해 버리는 이데올로기를 유지하기 위해 기득권은 끊임없이 '불안'을 만들어 내는 역설을 꾀한다. 그 '불안'을 매개로, 아직 아무 일도 일어나지 않은 지금이 얼마나 안정된 순간인지에 대한 환상을 비기득권에게 심어 준다. 이 부조리가 마르크스주의자들에게는 여전히 유효한 '투쟁'의 전제다.

기득권의 헤게모니는 자본사회 이후에 도래한 것이 아니다. 자본을 대체할 수 있는 지배담론은 인류의 역사 내내 존재했다. 자본사회가 도래하기 전, 자본의 위치를 점하고 있던 키워드는 바로 '신(神)'이었다. 신은 분명 개념화될 수 없는 초월적 존재이지만, 늘상 인간 중심적으로 설명되어 온 역사다. 초월적 존재가 인간의 사유 속에 한계 지어지는 모순, 더 정확히 말하자면 전 인류의 보편적 관념이 아닌 사제 권력의 이데올로기였다. 신학의 역사가 딛고 있던 본질은 결국 정치다.

키에르케고르의 '실존'은 관료주의적으로 변질된 교회와 계율의 준수를 세속화하는 종교에 대한 비판으로부터 출발한다. 그의 소명은 기독교의 본질을 밝히는 것이었다. 그는 고통의 정서를 내적갈등을 통해 도달하는 삶의 깊이로 이해했으며, 진리의 속성을 고통에 대한 성찰로 규정했다. 신앙은 그 고통을 이겨 내며 내면을 깨우치는 방법론이다. 신앙은 고통에서 유발되며, 그렇기에 기독교는 고통의 종교일 수밖에 없다는 키에르케고르의 결론이다.

신앙이 고통에서 비롯된다면, 세속적인 삶에서 도피하는 방법론보다는 차라리 고통의 실시간적 현장 속에 진정한 신앙이 자리할 수 있다. 키에르케고르 입장에서 현대 기독교의 긍정론적 감화를 평가한다면, 고통을 당하려 하지도 않고 희생을 치르려 하지도 않으면서, 긍정의 이념에 기대어 자신을 쇄신코자 하는 불성실함이다.

니체에게 죽음을 선고받은 신의 무덤은 교회였다. 이는 교조주의에 젖어 있는 기독교에 대한 사형선고라는 상징이기도 하다. 키에르케고르 역시 목회자도 교회도 없는 기독교를 지향하며, 개인적인 성령체험을 강조했다. '신 앞에 선 단독자'는, 주체의 자율에 맡기는 경건주의로서, 집단의 율법보다 더 엄격한 윤리라는 역설을 지닌다. 개인 각자에게로 회귀하는 신앙으로부터 '지금 여기'를 딛고 서 있는 주체에 대한 철학이 시작되었으니, 이른바 '실존'의 서막이었다.

우리가 알 수 있는 신이 더 절대적인 것일까? 우리가 알 수 없는 신이 더 절대적인 것일까? 신에 관한 진실을 누가 바로 보고 있는 것인지에 대한 판단조차도 우리가 할 것이 아니다. 데리다의 말마따나 유신론자와 무신론자나 그것이 무엇인지 모른다는 사실만을 공유할 수 있을 뿐이다. 안다고 말하는 행위 자체가, 도리어 무한의 존재를 유한에 가두는 불경이다. 알고 있다는 전제하에 말하여지는 신에 대한 담론 모두가, 실상 인간의 인식 내에서의 이해일 뿐이다. '성령'의 논거로 '간증'되어지는 모든 상황들이, 신의 속성이라기보다는 인간의 속성으로 펼쳐지는 것들이다.

파스칼은 신의 존재를 사뭇 공리적으로 증명한다. 신이 없다고 믿어서 득이 된다면 충분히 그럴 용의가 있다. 그러나 차라리 신이 있다고 믿는 경우가 더 희망적이지 않겠냐고…. 신이 존재한다는 믿음만으로도 인류는 삶의 희망을 부여받을 수 있었다. 그것이 신이 내리는 구원이라면 구원일 것이다. 그러나 구체적으로 어떤 식으로 존재하며 강림한다는 믿음 속에, 많은 인생들이 자신의 삶을 죽음 이후의 시간에 저당 잡히고 만다. 니체는 그래서 과감하게 신에게 사형 선고를 내린 것이다. 신이 사라진 세상에서만이 인간은 신에게 기대지 않고 저 자신을 믿을 수 있다. 그리고 죽음 이후가 아닌 죽음 직전까지의 삶을 사랑할 수 있게 된다.

부처가 죽은 후에도 인간들은 수세기 동안 그의 그림자를 동굴에 안치시켰다. 거대하고 섬뜩한 그 그림자를…. 신은 죽었다. 그러나 인간이라는 종(種)이 존재하듯이 수천 년에 걸쳐 신의 그림자가 나타나는 동굴이 존재하리라. 그리고 우리는 계속 이들 신의 그림자를 정복해야 한다.

신의 그림자란 신앙이 드리운 그늘이다. '삶을 배신하는 삶'의 원인을 니체는 신으로 간주한다.

바울의 문제

『카라마조프 가의 형제들』에는 '재림'과 관련한 재미있는 일화가 등장한다. 온갖 명목으로 종교재판이 일었던 16C의 어느 날, 예수 그리스도께서 재림한다. 이를 알게 된 교황청은 재림한 그리스도를 체포해 사형을 언도하고, 옥에 갇힌 그리스도를 찾아와 자신들의 입장을 밝힌다. 당신의 이름으로 기독교적 질서와 권위를 세운 것은 우리인데, 지금에 와서 이렇게 재림을 해버리면 도대체 뭘 어쩌자는 거냐고…. 다시는 이곳에 찾아오지도, 우리를 방해하지도 말라고…. 대중들이 원하는 건 그리스도가 아니라 기독교이며, 그들이 갈망하는 것은 자유가 아니라 복종이라고….

니체가 '무언가 배울 수 있는 유일한 심리학자'라고 칭송했던 문인, 그의 비판 대상은 그리스도가 아닌 기독교다. 신앙 자체에 관한 것이라기보단, 신앙을 빌미로 행해지는 부당함에 관한 것이다. 니체의 비판 역시 그 초점은, 간디의 말마따나, 그리스도와 닮지 않은 기독교인들에 관한 것이다.

『차라투스트라는 이렇게 말했다』에서, 신이 죽었다는 사실을 알고 있는 최후의 교황은 당나귀를 신으로 믿기 시작한다. 신이 있고 없고는 문제가 되지 않는다. 자신의 신앙이 존재한다는 것이 보다 중요하다.

신앙에 관한 것이 아닐망정, 현실에서도 이런 사례는 비일비재하지 않던가. 사안의 본질이 무엇인지보다는 본인의 신념이 존재한다는 것이 더 중요한 사람들. 그로써 자기 존재의 안위를 얻으려는 하는 이들. 존재감을 확인할 수 있는 방식이 그것밖에 없는가 말이다.

저들 모두가 다시 경건해졌구나. 기도를 하고 있다니. 미쳤구나! 차라투스트라는 이렇게 말하고는 그 터무니없음에 놀라 버렸다. 그리고 실제로! 그 모든 좀 더 높은 인간들, 두 명의 왕, 실직한 교황, 고약한 마술사, 자발적 거지, 방랑자이자 그림자, 늙은 예언자, 정신의 양심을 갖춘 자 그리고 가장 추악한 자가 어린애나 도실한 노파들처럼 무릎을 꿇고 앉아 나귀를 경배하고 있었다.

그는 우리의 짐을 짊어진다. 종의 모습을 하고는, 진심으로 인내하며 '아니'라고 말하는 법이 없다. 그리고 자신의 신을 사랑하는 자가 신에게 채찍질을 한다.

—그러자 나귀가 '이-아'하고 화답했다.

이 지상에 아직도 경배할 그 무엇이 있다는 사실에 내 늙은 심장이 쿵쾅거리며 뛰고 있다. 오 차라투스트라여, 늙고 경건한 교황의 심장을 용서하라!

니체가 열거하는 군상들은, 당대 사회의 부조리다. '나귀'는 그 자체로 기독교에 대한 상징이다. 모세가 잠시 자리 비운 사이에 백성들이 금송아지를 우상으로 모셨다는 장면의 패러디이기도 하지만, 그리스도가 예루살렘에 입성할 때 탔던 나귀를 상징하기도 한다.

당나귀는 짐을 지는 존재, 그것이 부당한지 어떤지에 대한 비판 없이 그저 순응하는 관성과 타성에 대한 상징이다. 나귀의 울음소리 '이-아'는, 독일어로 예스의 의미인 'Ja'의 발음과 연관된다. 아무런 비판 없이 기독교 체계에 순응하는 이들을 풍자한 것이다.

그리스교도인의 전 삶은 결국 그리스도가 벗어나라고 설교했던 바로 그 삶이다.

니체의 저서 『이 사람을 보라』에서의 '이 사람'은 단순한 인칭 대명사가 아니라 예수 그리스도를 가리킨다. 기독교에는 회의적이었어도 예수 그리스도는 존경한, 니체 자신을 지칭하는 패러디이기도 하다.

'이 사람을 보라'의 화자는 빌라도 총독이다. 유대인들이 왜 그렇게까지 예수를 증오하는지 이해할 수 없어서, 도대체 이 사람의 죄가 무엇인가를 되묻고 있는 것이다. 오죽하면 빌라도가….

목회자의 길을 접고서 철학자가 된 경우라, 니체는 『성서』에 관해서도 박식했다. 문헌학 교수이기도 한 터, 비판의 대상에 관한 역사적 고증 속에서 비판을 전개한다. 니체에 따르면, 신학자의 또 다른 표지는 그가 문헌학에 무능하다는 것이다.

인간으로서의 예수 그리스도는 위대한 혁명가였다. 어쩌다가 기독교 사회가 역사 내내 보수를 자처하게 됐을까? 스피노자는 그 이유를 '정치 신학'으로 말한다. 비기독교인보다 기독교인들을 정치적으로 다루기가 쉬웠다. 기독교 교리가 정치화되면 되니까.

그리스도의 의도가 아니었던, 교조화된 신앙. 니체는 그 시작이 바울서부터라고 이야기하고 있다.

◆┈═┈◈┈═┈◆

바울은 목적을 원했고, 따라서 수단 또한 원했다. 그 자신도 믿지 않았던 것을 그의 교설을 전해 받은 바보들은 믿었다. 그가 필요로 했던 것은 권력이었다. … 훗날 마호메트가 그리스도교에서 빌린 단 하나가 무엇이겠는가? 그것은 사제의 압제와 무리를 형성시키기 위한 바울의 고안물인 불멸에 대한 믿음이다. 즉 '심판'에 대한 교설이다.

물론 이는 당대 유럽의 기독교 사회가 안고 있던 부조리와 니체 개인의 성향을 감안하고 읽어야 할 구절이지만, 바울의 노력이 결국엔 정치적 사제 권력을 야기했다는 것. 니체는 그 원동력을 '원한'에서 찾는다. '십자가에 못 박힌 그리스도를 위해서'라는 명분으로 대중을 고취시킨…. 그리스도가 실천하고 간 사랑이 그런 가치였겠는가? 그리스도였다면 과연 그런 식으로 복음 전파를 했겠는가에 대해 니체는 묻고 있는 것이다.

바울은 그리스도가 자신의 삶을 통해 파기했던 바로 그것을 대대적으로 다시 재건시켰다. 이교적인 것을 손에 가득 쥐고서, 반그리스도적이며 동시에 반유대적이기도 한 인격의 불멸성을 만들어 냈다. 『정신의 삶』에 적혀 있는 한나 아렌트의 부연은 다음과 같다. 다른 복음들이 관심과 명백히 다른 바울의 중심적 관심은 나사렛 예수, 그분의 설교와 행적이 아니라 십자가에 못 박혀 죽었다가 부활한 예수 그리스도이다.

니체가 비판하는 '노예의 도덕' 중심에는 '원죄'가 있다. 가책을 심어 준 후에 면책을 하는 방식이, 병을 심은 후에 치료하는 의사와 같다는 것.

프로이트에 따르면, 출애굽의 과정에서 모세는 유대민족에게 살해당한다. 혼란기에는 너무나 올곧은 도덕이 지탄을 받기 마련이다. 이후 가나안에 도착한 유대인들은 새로운 시대의 질서가 필요했고 자신들이 저지른 과오를 도리어 율법의 이데올로기로 삼는다. 조선이 고려의 충신으로 죽은 정몽주를 복권시킨 것과 같은 맥락이다.

로마가 기독교를 공인하게 된 데에는 정치적 이유도 있었다. 학창시절의 역사 시간에 배운 기억, 로마 문화는 그리스 문화에 동화가 된다. 공인의 과정에 참여한 이들은 대개가 신플라톤주의자였다. 플라톤의 이데아와 맞닿아 있는 천국, 서양사의 두 뿌리인 헬레니즘과 헤브라이즘의 조우, 이보다 더 좋은 조합이 있을까. 니체가 기독교를 대중화된 플라톤주의라고 비난했던 이유이기도 하다. 기독교는 그리스도의 역사하심의 역사 그 자체라기보단, 기독교 사회의 이데올로기적 역사다.

『논어』는 공자의 저작이 아니다. 공자의 어록이라는 전해지던 파편들을 제자들이 모아 재구성을 한 것이다. 공자의 많은 제자들 중에서도 증자 라인이 적통으로 여겨지고 있는 이유는 단순하다. 공자의 손자가 증자의 제자였다. 이런 빌미로 『논어』에는 증자 라인이 적통이란 사실을 증빙할 수 있는 문장들이 사후적으로 편집된다. 게다가 이 증자 라인에서 슈퍼스타 맹자가 등장한다. 먼 훗날에는 집대성의 아이콘인 주자도 이 계열에서 등장한다. 이 일화를 기독교인들에게 들려주면, 충분히 상식적으로 수긍을 할 수 있는 사상사의 내막이라고 생각할 것이다. 그러나 기독교의 역사에 대해서 논하면, '진실을 바로 보라는' 반박부터 몰려든다.

약자의 도덕

니체에 따르면, 악마는 일곱째 날에 창조가 되었다. 신이 휴식에 들어갔던 마지막 날에, 인간에 의해서….

이 말은 무슨 의미일까? 루시퍼의 종교는 무엇인가를 따진다면, 그도 기독교 패러다임을 딛고 있는 악이다. 신이 만물을 창조했으니, 악마도 신의 피조물이어야 하지 않겠나? 신의 전능성으로 그들의 타락을 예상하지 못했다는 것도 논리적이지는 않다.

최초의 인류는 자신들이 저지른 어떤 행위가 '죄'인지를 몰랐다. 상대가 아파하고 슬퍼하는 것을 보고서 부채 의식을 느꼈고, 이런 정서에 관한 공리적 정리가 필요했다. 이 채무감에 대한 신체적 대가를 '기억'하게 하는 방식으로 발생한 것이 형벌이다.

기억이라는 관념으로 옮아간 이후 그 관념을 지배하는 방식으로 도덕이 자리 잡기 시작했다. 이 도덕의 역사가 어느 순간부터 기득권의 질서를 옹호하는 방식으로 선의 가치를 배치했고 그것에 어긋나는 가치들이 악이 된다. 니체가 유대인들의 율법과 기독교인들의 '원죄' 사상을 '노예의 도덕'에 비유한 이유이기도 하다. 무의식에까지 들어찬 순응과 체념으로 인해 저 스스로 입법자의 삶을 살지 못하는, 니체가 말하는 '약자'들의 전형이다.

들뢰즈가 니체의 위대한 말 중 하나로 꼽는 것.

"우리는 강한 자들을 약한 자들의 공격으로부터 지켜야만 한다."

이 말인즉슨, 대다수가 그런 약자로 살아가며, 자신에게서 가능하지 않은 강자의 진취성을 못마땅하게 여긴다.

◆ ─ ◆ ─ ◆◆◆ ─ ◆ ─ ◆

언젠가 악마가 내게 말했었다.

"신마저도 자신의 지옥을 갖고 있다. 인간에 대한 사랑이 바로 그것이다."

그리고 최근에 나는 악마의 이런 말도 들었다.

"신은 죽었다. 인간에 대한 그의 동정 때문에 죽었다."

니체는 동정이 경멸과 같은 것이라고 말한다. 그에 따르면, 동정이란 것은 동정의 대상이 아닌 동정의 주체 자신을 의식하는 자기애적 행위다. 남의 슬픔 앞에서 느껴야 하는 자신의 무능에 대한 모욕감이 행하는 복수이며, 동정받는 대상에게서 타인과 동등하다는 긍지를 박탈하고 있는 월권이다.

이 말이 타인을 위로하지 말라는 의미겠는가? 니체가 비판한 종교적 신과의 관계를 살필 일. 그런 신은 인간의 지평 바깥에서 작동하는 절대자가 아니라, 그저 담론에 지나지 않다. 물론 그런 천상의 담론으로 지켜지는 지상의 질서가 있다. 그러나 그 질서의 명분이란 게 누구의 기준이겠는가? 기득권의 입장에서 편한 질서 체계, 이를테면 종교사 내내 당연시해 왔던 남성중심주의 같은 부당한 도덕이다. 어떤 옹졸한 신이 남성이 여성 위에 군림하는 것을 정당화한단 말인가.

도그마적 신, 그 위로가 사라질 때, 인간은 스스로의 의지를 믿는다. 위로라는 것도 중독성이 있지 않던가. 니체는 이런 방편들을 마취제에 비유하기도 한다. 물론 때로 그런 마취제도 필요하다. 그래야 이후에 시술도 할 수 있는 거니까. 마취 없이 살을 쨀 때면 그 또한 참을 수 없는 고통일 터. 니체의 말은 교리화된 위로라는 건 마취제만 주입하는 것에 지나지 않는다는 의미다.

너무 힘든 시기를 지나다 보면, 종교를 지닌 이들도 '신은 정말 있는 걸까?'를 되묻곤 한다. 그러면서 종교에 회의를 느끼기도 하고…. 지난한 세월을 버텨 낸 자들은, 그런 마취제와도 같은 말들을 좋아하진 않는다. 그들이 겪어 온 삶에 비한다면 그런 말들은 너무 피상적이고 유치하기에…. 니체는 '고통받는 자들의 긍지에 상처를 입히고 수치심을 폭발시킨다'며 심리적 이유를 적시한다.

그럴 때 있지 않던가. '당신이 그 고통에 대해서 얼마나 안다고, 그런 말을 그렇게 쉽게 해!'라는 생각이 들 때. 왜 사람 진심을 삐딱하게 받아들이느냐며, 기어이 그런 위로를 건네려고 하는 강박이, 타인의 절망 앞에서 느끼는 일종의 비딱한 우월감이다.

니체는 자기연민도 허락하지 않는다. 자신에게 다시 일어서려는 의지보다는 '치명적인 고독의 특권'을 부여하기 때문이다. 무너져 있는 스스로를 위로하는, 고귀한 감상 때문에 스스로에게 저지르는 '무례'라고….

문득 떠오른 영화의 한 장면은 〈메이저 리그〉에 등장하는 한 흑인 슬러거의 타석이다. 항상 신앙의 힘으로 타석에 들어서는 선수는 투수가 던지는 공 하나하나에 기도를 올린다. 그럼에도 불구하고 그의 신은 항상 변화구 앞에서 그를 주저앉힌다. 영화의 결정적인 순간에서 찾아온 각성은 '에라, 모르겠다! 다 집어치워라!'였다. 슬러거는 신이 아닌 저 자신을 믿고 기적을 일구어낸다.

변화구를 치고 말고 하는 일에까지 신의 가호가 필요한 것이겠는가? 너의 의지만큼이 너와 함께하는 신의 뜻이며, 기도는 신이 들어주기에 앞서 저 자신이 증명해 보여야 하는 성질이기도 한 것. 신이 내린 가능성 모두를 스스로 이루어 내는 것만큼이나 위대한 간증도 없다. 니체는 이 이야기를 하고 있는 것이다.

◆—··—··◈··—··—◆

그들이 죽음을 향해 황혼 속으로 사라진 것은 아니었다. 그것은 거짓말이다! 그들은 오히려 너무 웃어 대다 죽고 만 것이다! 이 일은 신을 부정하는 가장 극단적인 말이 어떤 신의 입에서 나왔을 때 일어났다. 그 말은 "단 하나의 신이 있다! 나 이외의 다른 신을 섬기지 말라"였다.

도올 김용옥 교수에 따르면, '나 이외의 다른 신'이 있다는 사실을 인정한 그 자체로, 유일신 사상에 대한 모순이다. 기독교도 입장에서는 '말장난'에 불과한 불경스러운 글인지 모른다. 그런데 이런 언어적 오류도 해결하지 못하는 논리가 신의 논리겠는가 말이다.

과연 저 말이 신의 것일까? 신의 전능함으로 뭐가 불안해서 저 따위 말을 했겠냐 말이다. 신의 옹졸함은 신의 속성이 아니라, 그것을 투영하고 있는 인간의 속성이다. 신도 억울한 판.

니체가 이르길, 편협한 머리도 근본적으로는 편협한 가슴과 놀랄 정도로 잘 화합한다.

니체의 의도가 유일신을 폄하하려고 했던 것이겠는가? 그렇다고 다신관을 옹호하는 철학자였겠나? 지극히 인간 중심적인 '신'의 개념, 그것이 인간의 삶을 위로하는 조건이라면 나쁠 게 뭐가 있겠나? 그러나 그렇지만도 않았던 종교의 역사. 그 부조리에 일(一)과 다(多)의 차이가 무슨 의미가 있겠냐 말이다.

우리는 신이 내린 세상에 대해서도 다 이해를 하지 못한다. 그 절대적 존재를 인간의 이해방식으로 한정하며, 특정 집단의 편의대로 이용하면서도 진리로 믿어 의심치 않는 작태를 어찌 보아야 하느냐 말이다.

그런데 그리스도의 지평으로, 니체가 알았던 걸 모르셨을까? 니체도 그리스도는 존경했다. 엇나간 충정들로 인해 그 정신이 왜곡되어 온 사상사. 니체의 말마따나, 유일한 기독교인은 그리스도 자신이었다.

◆·─·◈·─·◆

"이 절대-존재는 타자로서의 한에서 자기이며, 자기로서의 한에서 타인인 존재이다. 이 절대-존재는 타자로서 그 자기-존재를 자유롭게 자기에게 줌으로써, 존재론적 증명의 존재 자체인 존재, 다시 말하면 '신'이 되는 존재이다. 이런 이상은 내가 나와 타자의 관계의 근원적인 우연성을 극복하지 않고서는 이루어질 수 없을 것이다. 다시 말하면, 타자가 나에 대해 자기를 다른 것이 되게 할 때의 부정과, 내가 타인에 대해 나를 다른 것이 되게 할 때의 부정 사이에는 어떤 내적 부정의 관계도 존재하지 않는데, 이 사실을 내가 극복하는 것이 아닌 한, 이런 이상은 실현될 수 없을 것이다."

　—사르트르, 『존재와 무』 중에서

　다소 읽기 어려운 문장이지만 대강 요약하면, 사르트르가 생각하는 신이란 인간의 이해로 의미화된 타인이라는 이야기다. 남의 눈치 보지 말고 살라 말하는 강연자들은 과연 그렇게 살아갈까? 그 말조차도, 청중의 눈치를 살피며 그들이 듣고 싶은 말을 고민한 결과는 아닐까? 어차피 우리는 타인으로부터 자유로울 수 없다. 그것이 자기 존재의 기반이면서, 질서 체계와 양심의 근거이기도 하기 때문에….

　'남들처럼은 살아야지!', '그러면 남들이 욕해!'에서의 그 남이란, 실제로 존재하는 타인이라기보단, 어떤 추상성으로부터 뻗어나온 시선의 효과다. 그것이 욕망의 근거일 때도 있지만, 사회의 질서 체계를 유지하는 '눈'이기도 하다. 그것을 극한으로 밀어붙인 결과가, 우리가 믿는 신의 속성이라는, 사르트르의 설명.

　레비나스 역시 타자를 극으로 밀어붙인 개념을 '신'이라고 말한다. 타인에 대한 무한의 사랑을 신에게 빗댄다. 그렇다고 그가 무신론자인 건 아니다. 스피노자식으로 말하자면, 우리가 신을 이해하는 유일한 방식은 그의 피조물들을 이해하는 것뿐이다. 레비나스는 신을 운운하기 전에 인간에 대한 예의부터 다 하라는 말을 하고 있는 것이다.

『논어』에 나온 구절로 대신하자면, 未能事人 焉事能鬼(미능사인 언사능귀). 사람도 능히 섬길 줄 모르면서 어찌 (귀)신을 섬기려 하는가?

신과 함께

선악과를 따기 전까지는 최초의 인류에게 선악의 분별이 없었다. 신의 금지로부터 '하지 말아야 하는' 도덕 개념이 제시된 것이다. 자신들이 그것을 딸 수 있는 가능성은 부도덕이 된다. 그러나 아직 선악과를 따지 않은 상태에선 그것이 죄인지도 판단할 수 없다. 신의 금령은 아담과 이브에게 그것을 범할 수도 있는 역량을 지녔음도 함께 고지한 순간이었다.

『성서』는 이런 모순된 논리를 안고 있다. 니체는 이런 논리적 모순이 오류라고 말하지는 않는다. 니체는 그것이 상징하는 바에 입각해 기독교를 비판한다. 열매를 매개한 신의 도덕이 알려지기 전까지는, 그 열매를 따는 행위는 선도 악도 아니었다. 왜 그것이 선인지 악인지에 대한 이해의 의지가 없다. 도덕적 판단력을 갖추기 이전부터, 미리 규정된 도덕에 의해 그냥 그것은 이미 선이고 이미 악이다. 열매를 딴 이후에는 그 도덕에 순응할 뿐이다. 열매를 따기 전이나 딴 후에나 인간의 의지는 무력하다. 이것이 『선악의 저편』과 『도덕의 계보』로 이어지는 전제이기도 하다.

인류학이나 정신분석 분야에서 신화나 설화를 해석하는 작업은, 인류의 정신 구조를 들여다보는 한 방법론이다. 구전의 과정에서 스토리는 내용이 더해지기도 덜어 내지기도 한다. 그 총체성으로 보면 인간의 심리 전반을 아우르는 인문학적 보편성들이 진화를 거듭해 온 흔적이다.

단군 신화의 역사적 해석은 '토지'와 관련이 있다. 이는 곰의 토템을 지닌 농경부족이 호랑이 토템을 지닌 수렵민족과의 경쟁에서 이긴 사건이다. 꼭 양 진영 간의 전쟁이었다보단 두 패러다임의 전환으로 이해할 일. 농경이 시작되고, 일정 토지에 정착하면서, 점차 부족국가로서의 기틀을 잡아갔던 것.

역사 신학은 『성서』의 신화를 이런 식으로 해석한다. 그러나 일부 기독교인들은 『성서』에 적혀 있는 '팩트'이기에 절대 비판해선 안 된다고 생각한다. 분명한 건, 인류의 정신사를 담고 있는 인문학적 가치로서 이해해 볼 필요가 있다는 점이다. 기독교에 대한 반감만으로, 죄다 뻥이네 어쩌네를 하는 경우도 인문적 태도라고는 할 수 없다. 문화인류학 관점에서 본다면 단군 신화 역시 우리의 정신사를 담고 있는 역사다.

니체는 『구약성서』에 담긴 풍요로운 상징성들은 칭송한다. 그

것이 허구라고 말하지 않는다. 신화가 지니는 상징성, 그 전제를 감안해서 바라봐야 하는 진실들이 있는 거지, 그 자체가 팩트로서의 진실이라는 게 아니다.

『신약성서』는 순전히 정치적 목적을 위해 날조된 이데올로기로 규정한다. 심지어 그것을 읽을 땐 장갑을 끼도록 권고한다. 너무도 불결하다는 이유로…. 그 죄를 바울에게서부터 묻고 있다.

종교의 영향권에서 벗어나 있는 지금의 시대에 니체의 철학은, 신에 관한 의견에 있어서만큼은 급진적이지 않다. 『안티크리스트』라는 저서에서도 오늘날의 감각에서는 지극히 상식적인 이야기를 하고 있다. 기독교에 대한 전반적인 비판이라기보단, 해도 해도 너무한 기독교의 위선과 무례, 독선과 욕망에 대한 비판이다. 그러나 혁명가로서, 실천하는 양심으로서의 그리스도에 대한 존경을 담고 있기도 하다.

근본적으로 오직 한 사람의 그리스도교인이 존재했었고, 그는 십자가에서 죽었다. '복음'이 십자가에서 죽어 버렸다. 그 순간부터 '복음'이라고 불리는 것은 그 유일한 그리스교인이 체험했던 것과는 정반대였다.

신의 프로젝트가 한낱 인간에 의해서 밝혀진다면 우리는 그만큼 불완전한 신을 믿고 살아가는 것뿐이 되지 않는다. 과연 신이 그리도 허술한 존재이겠는가? 인간으로서 알 수 있는 가능성의 세상도 우리는 다 알지 못하고 산다. 그러면서 신에 대해 말하고 있으니 신이 보시기에도 이 얼마나 우스운 작태이겠는가 말이다. 그 어리석음을 딱하게 굽어보고 계실 것이다.

삶과 사람과 사랑도 제대로 보지 못하는 어두운 눈으로 천국을 보려 하는가? 더불어 살아가는 사람들도 이해하지 못하는 좁은 마음에 신을 담았다고 자부하는가?

남의 신앙을 밟아 가면서까지 자신들의 신앙만을 고집하고, 자신들의 방식대로 기도를 해야 갈 천국이라면, 그곳은 과연 신이 만든 곳이겠는가? 인간이 만든 곳이겠는가? 그들은 신을 믿고 있는 것인가? 자신들의 신앙을 믿고 있는 것인가? 자신을 믿는 자에게만 천국을 허락하는, 그런 옹졸한 신을 믿어야 갈 수 있는 천국이라면 차라리 지옥불에 떨어지겠다던 법정 스님 곁에서, 함께 울고 계신 그리스도가 아닐까?

독실한 믿음으로 살아가는 많은 신자들에게 니체는 '불온'한 철학일 수밖에 없다. 그러나 부조리가 없었다면 니체를 위시한 많은 철학자들도 굳이 '불온'의 메스를 가하지 않았을 것이다. 물론 일부의 부조리와 몰상식으로 전체를 매도할 수 없고, 많은 기독교인들이 선량하게 살아간다. 그러나 '썩은 사과'는 썩은 부분을 도려내기 전까지는 사과 전체가 감당해야 하는 표현이다.

영화 〈토이 스토리〉의 한 장면, 인형뽑기 기계 속에 갇혀 있는 인형들은 자신을 바깥세상으로 인도해 줄 세 발 갈고리를 신으로 믿고 살아간다. 갈고리의 선택이 자신의 순서에 닿기를 기도하는 것만이, 답답한 기계통 속에서 구원받을 수 있는 유일한 방법이다. 그러나 천국이라고 믿었던 곳에서 그들을 기다리고 있는 것은 장난감 분해가 취미인 악동이었다.

스피노자는 말한다. 삼각형에게 신이 있다면 그 모습은 삼각형일 것이라고…. 이게 무슨 말인고 하니, 인간은 자신이 지닌 지평의 수준에 준하는 신을 소유한다는 의미다. 단지 세 발 갈고리가 아닐 뿐, 그 인형들과 별반 다르지 않은 신념으로 살아가는 인간들도 부지기수. 스피노자의 어록을 빌리자면, 인간은 누구나 자기 능력만큼 신을 만난다. 신앙의 문제에 있어서만 그렇겠는가? 대중은 자신들의 수준만큼 정치를 향유한다. 개인의 삶도 그렇다. 인간은 자기 수준만큼의 세계를 만난다.

스피노자에 따르면, 그들은 '무엇 때문에?'라는 질문을 '무엇을 위해서?'라는 질문으로 바꾸어 세계를 충분히 설명했다고 믿는다. 그 결과, 신이 창조한 앞날의 것들은 뒤에 창조된 인류를 위해 존재하게 됐다. 만물을 인간 중심적 목적론으로 배치하면서 인간의 존재의미에 대답으로서의 신을 상상해 냈다. 신은 왜 인류에게 그런 은혜를 베푸는가? 인류에게 감사의 예배를 받으려고? 스피노자는 이런 유아(唯我)적 믿음을 '무지로의 도피'라고 표현한다.

인간의 지평으로 인간의 목적에 따라 신을 상상하며, 신에 가탁하고 신의 권위를 참칭한 것. 신의 모습대로 인간이 창조된 게 아니다. 인간의 모습대로 신을 상상한 것이다. 신이 보기에 좋았던 게 아니다. 인간이 보기에 좋았던 것들이다. 그중 하나가 신 저 자신이었다.

신적 존재라면 인간의 유한한 지평에 갇힐 리 없지 않은가. 정말 인간이 신의 모습으로 만들어진 거라면, 그의 무한을 담지해야 하는 것. 그렇다면 인간 중심적 신앙관부터 깨야 그 무한으로 나갈 수 있다.

스피노자는 '페가수스'를 예로 든다. 이 상상의 동물은 '말'과 '날개'라는, 결국 인간의 현실에서 경험된 것들의 조합이다. 신에 대한 상상력이란 것도 인간의 경험이 투영된 인간 중심적 사고의 산물이다.

신은 인간의 한계를 넘어서 있는 존재일 터. 우리가 이해할 수 있는 영역까지를 우리의 지평으로 해명할 수 있을 뿐이다. 그러나 신앙은 그 이해할 수 없는 부분을 인간 지평으로 채워 넣는다.

신은 사유의 대상이 아니다. 차라리 '의지'의 영역이다. 스피노자가 말하길, 우리가 신을 이해하는 유일한 방법은 신을 사랑하는 것뿐이다.

　정녕 신을 사랑하는 자라면, 신에 대해 이렇다 저렇다 말하는 자가 아니라 신이 내린 이 삶을 이해하고 사랑하는 자다.

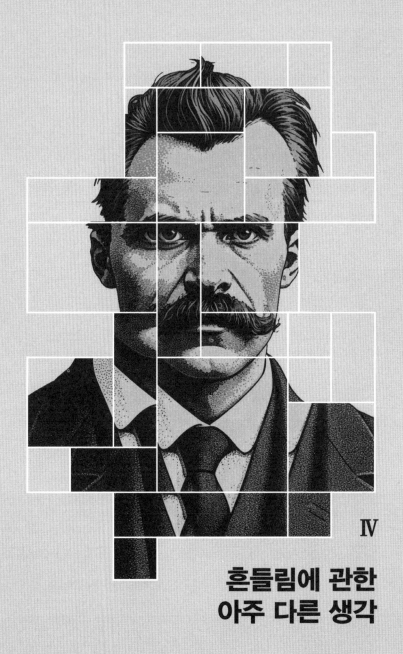

IV

흔들림에 관한
아주 다른 생각

01

비극의 탄생

고양이의 종류는 셀 수 없이 많지만, 우리의 머릿속에는 '고양이'로 대표되는 특정 이미지가 있다. 그리고 인간은 그 고양이 상(像)을 가지고서 호랑이와 사자를 고양이과로 묶는다. 이런 고양이의 표준모델을 이데아의 사례로 들 수 있다. 이 표준모델이 관념 속에 이미 존재하며, 우리가 고양이의 형상을 지니고 있는 동물을 바라보는 순간, 그 싱크로율을 따짐으로써 그 동물이 고양이과에 속하는 종임을 알 수 있다. 이를테면 이 경우가 플라톤의 관념론이다.

표준모델의 이미지는 관념 속에 존재하는 것이 아니라, 고양이과 동물 스스로가 지니고 있는 형상이며, 우리의 감각은 호랑이와 사자의 개별성을 인지하고, 이성은 개별성들이 공유하고 있는 '고양이과'라는 유사성을 인식하는 것이라는 주장이 아리스토텔레스의 입장이다. 아리스토텔레스가 물질과 현상에 보다 관심을 쏟았던 이유이기도 하다. 사물의 본질은 사물 자체가 소유하고 있다.

플라톤에게는 관념의 이데아만이 진리의 지위다. 인간의 감각으로 감지되는 현실 세계는 이데아의 모사물일 뿐이며, 이성적 사고로 극복해야 하는 허상에 불과하다. 이 현실계에는 현실을 다시 복제한 또 하나의 모사품이 존재한다. 이데아의 입장에서는 복제의 복제 개념이 되는…. 우리에게 던져진 삶도 그 자체로 복제인데, 그 현실을 다시 복제한 것이라면, 플라톤에겐 더 논할 가치가 없는 것들이다.

현실을 복제했다니? 이게 도대체 무슨 말인가 싶겠지만, 다시 고양이로 돌아가서 설명해 보자면, 현실의 고양이를 모방해 고양이 조각을 만들거나, 고양이 그림을 그리거나 하는 행위, 더 나아가 '장화 신은 고양이'라는 캐릭터를 창출하고, 뮤지컬 '캣츠'를 제작하는 등의 행위를 일컫는다. 즉 감성으로 자아내는 문학과 예술 분야다. 훗날 보드리야르에 의해 유명해진 시뮬라크르(simulacre) 개념이다.

플라톤은 감정의 고삐를 풀어 이성적 자제력을 와해시키며 인간 본성의 저급한 부분에 호소한 타락적 행위라는 이유로 예술의 가치를 절하한다. 특히나 '문학검열제'와 '시인추방론'을 주장했을 만큼, 시인들에게는 적대적이었다. 다시 설명하겠지만, 당시의 시는 종합예술의 장르였다. 플라톤이 인정하는 예술적 가치란 당연히 보편적 진리를 담아내고 있는 이데아의 범주 안이어야 한다. 이성적 논리에 충실한 것들, 어떤 식으로든 도덕적으로 유익해야 하는 것들에게만 예술의 자격이 부여될 수 있었다.

그에 비해 아리스토텔레스에게 있어 현실은 이데아의 모사품도 아닐뿐더러, 예술은 현실을 단순히 모방한 것이 아니라 현실을 세심히 관찰한 정신의 반영이다. 예술은 고도의 정신력이 빚어내는 결과물이다.

저서를 남기지 않은 소크라테스의 어록은 대부분 플라톤의 필법으로 전해지고 있다. 정말 소크라테스의 의견인지를 알 수 없기에 이견이 있는 것이기도 하지만, 플라톤이 소크라테스를 계승한다는 전제하에서 니체는 '이솝우화'를 빗댄다. '소크라테스적'이란 비평은 도덕성에 대한 집착을 의미한다.

비극을 비극 자체로 감상하지 못하는 소크라테스적 도덕주의를 비판한 니체의 의도는, 보편적 도덕의 속성이 결국엔 질서의 명분을 선점한 가치들로 획일화시키는 상징적 폭력일 수도 있다는 사실에 대한 지적이다. 그것은 예술이 아니라 이데올로기다.

종종 신은 비극의 진행 과정을 청중에게 확실하게 알려 주고, 그렇게 함으로써 신화의 실재성에 대한 모든 의혹을 잠재우는 역할을 맡았다. 이는 데카르트가 경험 세계의 실재성을 거짓말을 할 줄 모르는 신의 진실성에 호소하는 방법을 통해서만 입증할 수 있었던 것과 유사하다. 에우리피데스에게는 동일한 신적인 진실성이 극의 마지막에 또 한 번 필요하다. 주인공들의 미래를 청중에게 보장하기 위해서다. 이것이 저 악명 높은 기계장치 신(deus ex machina)인 것이다.

이제 덕 있는 주인공은 변증론자여야 하고, 미덕과 지식, 신앙과 도덕은 필연적이고 가시적으로 연결되어 있어야 하기 때문이다. 이제 초월적 정의라는 아이스킬로스의 해결책은 상투적인 자동 해결사인 신을 사용하는 '시적 정의'라는 평면적이고 파렴치한 원칙으로 전락해 버렸다.

데카르트의 사례는, 그가 신에 대해서 얼버무렸다는 의미다. 코기토(생각한다, 존재한다)로 인해 철학은 서서히 신학의 시녀에서 벗어나게 되었다. 내 머릿속에 악마가 들어 있어서, 나를 조종하는 것일지 누가 알겠는가. 그런 불경스런 의심도 가능하다, 하여 사유 자체는 신에게 종속되지 않는 존재물음이다.
　그러나 신앙적 '계시'보다 논리적 '인과'를 강변하면서 근대를 열어젖힌 철학도 여전히 신학에서 완벽히 벗어나 있지는 못한 실정이었다. 데카르트는 신에 관한 증명을 신학에 기댔다. 신의 존재는 절대적으로 자명한데, 정신을 심도 있게 활용하지 못하기 때문에 신의 존재를 인식하지 못한다는 것. 주체의 존재뿐만이 아니라 존재의 원인까지 증명하고자 했던 그 '생각'은 결국 신에게서 유래한다는, 후학들에게 두고두고 비판을 받는 대목이기도 하다. 그는 신을 증명했다기보다는 신을 전제한 것이다. 이는 경험론이 비판했던 합리론의 고질병이기도 하다. 전제를 근거로 전제를 증명하고 있는 순환 논증이라는 것.

◆·─ ··· ─◆◆─ ··· ─◆

니체는 '신'이 가장 손쉬운 해법이란 말을 하고 있는 것이다.

데우스 엑스 마키나(Deus ex machina)는, 그리스의 고대극에서 도르레 줄에 매달린 신이 무대로 내려오는 연출기법으로, 결말을 책임지고자 억지스럽게 외부에서 개입하는 신이, 비극의 서사를 단번에 해피엔딩으로 전환시키는 해결사로 등장하는 경우를 일컫는다.

원래의 취지는 권선징악의 스토리로 완결하기 위해서 신의 강림이라는 대단원을 설정한 것이었다. 문제는 비극적으로 흘러가는 서사를 극작가 자신도 감당할 방법이 없다 싶을 때면, 이 갑작스런 필연을 끌어들인 억지스런 개연성으로 관객을 설득하려 드는 경우가 난무하면서 불거진다. 느닷없이, 난데없이, 어이없이 외부에서 개입하는 전지전능한 끝판왕. '기승전神'의 포맷은 아리스토텔레스부터도 지적하고 있는 바이다.

니체는 비극이 지니는 인문적 가치를 되돌아보고 있다. 비극이야말로 삶의 진정성을 담아내는 도취적 스토리텔링이다. 비극은 연기하는 자와 관객이 혼연일치가 되어 '시련 앞에서의 좌절'과 '극복의 의지'라는 공감을 통해 감정을 정화시킬 수 있는, 카타르시스의 기능을 지니고 있다.

그리스인들의 예술적 기원은 비극이었다. 그러나 소크라테스의 도덕주의가 성행한 이후에는 어떻게든 해피엔딩으로 끝나야 하는 결말이 필요했다. 그래서 비극에서 희극으로 도약을 이루는 억지스러움이 저 '데우스 엑스 마키나'로 연출된다. 이런 전형을 추구하는 문법 속에서는 스토리가 지니는 흐름의 미학이 도태될 수밖에 없다. 어차피 결말이 '신'이라는 사실을 모든 관객들이 알고 있다. 스포일러를 따질 필요가 없는, 단 하나의 반전 가능성만이 기다리고 있는 필연의 서사. 후레쉬맨이 '로닝 발칸'을 외치기를(파워레인저가 대미의 필사기를 우렁차게 외치기를) 기다리는 동심들이 아닌 이상엔, 그런 전개에 흥미를 느낄 사람은 없지 않았겠는가.

아리스토텔레스의 카타르시스 개념은 비극의 효용을 생리학적으로 해명한 경우다. 차라리 과잉의 감정을 분출시켜 비워 내는 정화의 기능이다. 그러나 니체는 다른 기능성에 초점을 맞춘다. 그리스인들은 비극을 감상하면서, 삶의 불예측성이 가져다주는 비극적 가능성에 대한 내성을 기를 수 있었다는 것. 실상 이는 아리스토텔레스도 언급한 문학의 효용이다. '이미 발생한 일을 묘사하는 데 있지 않고, 가능성과 필연성에 따라 발생할 수도 있는 묘사하는 데 있다'며….

삶의 우연성을 교훈의 강박이 담긴 도덕으로 단순화시켰다는 이유에서, 니체는 소크라테스적 도덕주의를 이솝우화에 빗댄 것이다. '그 이후로 왕자와 공주는 오래오래 행복하게 살았답니다'의 결말과 별반 다르지 않은, 필연적 긍정에로의 집착. 그러나 우리네 삶은 그다지 필연적이지도 논리적이지도 않다.

낙관주의를 염세주의만큼이나 데카당스(decadence)로 규정했던 니체가 말하는 긍정이란 잘 안 될 수도 있다는 전제다. 그래도 사랑하겠는가? 그래도 도전하겠는가? 너는 이루어질 만한 사랑만 하고, 성공할 만한 도전만 하나? 과연 그것이 사랑과 도전의 가치이겠냐 말이다. 우연과 비극, 디오니소스적 파괴와 생성, 위버멘쉬와 영원회귀 등의 키워드는 이렇게 연계되는 긍정론이다. 그런 삶의 불확실성을 끌어안으며 겪게 되는 성장통에 대한 긍정이다.

비극은 쇼펜하우어가 의미했던 헬레네인들의 염세주의를 입증하는 것과는 거리가 멀다. 비극은 오히려 그런 것에 대한 결정적인 거부와 반대 절차로 간주되어야 한다. 삶 자체 대한 긍정이 삶의 가장 낯설고 가장 가혹한 문제들 안에도 놓여 있는 것이다. 자신의 최고 유형의 희생을 통해 제 고유의 무한성에 환희를 느끼는 삶에의 의지, 이것을 나는 디오니소스적이라고 불렀으며 비극 시인의 심리에 이르는 다리로 파악했다. 공포와 동정에서 벗어나기 위해서나 감정의 격렬한 방출을 통해 위험한 감정에서 자기를 정화시키기 위해서가 아니다. ㅡ아리스토텔레스는 이렇게 이해했지만ㅡ 오히려 공포와 동정을 넘어서서 생성에 대한 영원한 기쁨 자체이기 위해서….

공포 영화를 즐기는 이들에게는 '납량 특집'은 별 의미가 없는 수식이다. 그들은 그것을 시기적 유용성으로서 소비하는 것이 아니라, 그저 그 공포 자체를 즐기는 '놀이'로서의 가치다.

고대 그리스인들은 왜 비극을 즐겼는가? 아리스토텔레스의 대답이 '카타르시스'라면, 그에 대립하는 니체의 대답인 '디오니소스적'은 꽤 이른 시기에 등장한다. 그 몰락과 파괴의 정서에도 정화, 리셋이 되는 쾌감이 있다.

원시부족들의 집단 예술 중에는 사냥감의 그림을 그려 놓고 사냥의 과정을 그대로 재연하는 세리머니가 있다. 사냥의 성공을 기원하는 주술적인 집단행동이지만, 실제로 효과가 있었다고 한다. 대대로 전해진 제의를 통해 사냥의 전 과정을 연습하게 되는 것이다. 사냥에 처음 나가게 되는 어린 전사들은 실전 사냥에 대한 물음을 앞서 살다 간 조상들이 만들어 놓은 대답으로 해결하는 셈이다.

비극의 스토리텔링은, 그 가상을 통해 우리 삶의 어느 지점에 기다리고 있을지 모를 비극에 대한 내성을 길러 주기도 한다. 아무리 내성이 구비되어 있다고 한들, 막상 맞닥뜨린 비극은 결국엔 낯설고 갑작스러운 절망이겠지만, 오롯이 체념으로 주저앉지 않게 하는 학습 효과도 있다.

비극에 대한 니체의 긍정은, 〈눈이 부시게〉라는 드라마 제목이 잘 설명하고 있다. 니체식으로 설명하자면 이 제목은 디오니소스적인 것이다. 지랄 맞게 살아온 삶의 끝에서 결국 '눈이 부시게'를 흩뿌리던 김혜자처럼, 차라리 곡절의 세월을 보낸 이들의 시선이 삶을 보다 풍요롭게 바라볼 때가 있지 않던가. 되레 무난하게, 아니 화려하게만 살아온 이들의 시선 속에 결핍이 가득하다. 이별이 사랑에 관한 더 많은 것을 알려 주듯, 때론 상실과 몰락 속에서 더 많은 소중한 것들을 발견한다.

＊—■—＊

『시학』은 우리가 일반적으로 생각하는 서정시에 대한 이론만 다루는 게 아니다. 신화를 모티브로 한 판타지 소설을 '대서사시'라고 표현하는 경우가 있듯, 아리스토텔레스가 다룬 '시'의 범주는 배우의 연기로 상연될 수 있는 분량의 운문을 일컫는 '시' 개념을 포괄한다. 때문에 지금의 감각에서는 오히려 연극 이론에 가깝게 느껴지는 페이지들이 더 유명하다. 페이소스(파토스)니 카타르시스니 하는 용어들도 이 책에 등장한다.

니체의 첫 저작인 『비극의 탄생』은 『시학』에 대해 다루고 있다. 아리스토텔레스가 역점을 두고 있는 장르는 비극이다. 니체의 『비극의 탄생』은 『시학』의 심화, 확장 편이라고 봐도 된다. 현대철학의 기점이란 좌표를 점하고 있는 니체가, 한 권의 문예비평에서 시작되고 있는 셈이다.

아리스토텔레스가 비극의 드라마에서 1순위로 뽑는 요소는 '플롯'이다. 그만큼 논리적 개연성을 중시하면서도, 있으나 마나 한 평범한 전개는 최악의 경우로 뽑는다. 아리스토텔레스의 기준에서는 최고 퀄리티의 플롯이 지니고 있어야 할 요소가 '발견'과 '반전'이다. 실상 인생이 숨기고 있는 반전이란 게, 우리가 미처 알지 못했지만, 이미 한참 전부터 시작되고 있었던 것들에 대한 뒤늦은 발견이기도 하지 않던가.

02

호모 루덴스

니체가 말하는 '힘에의 의지'란 자기 보존의 욕구다. 나 자신의 가치로 살아가고자 하는 본능, 자신의 정체성을 지키고자 하는 의지다. 타인과 다수의 담론에 희석되지 않는, 자신으로 변별되는 '차이'를 유지하는 장력, 그 힘을 향한 열망이다.

자신만의 '차이'가 유지되려면, 자신에게서 확인된 가장 가치 있는 행위들을 '반복'하기 마련이다. 그 '반복'으로써 남들과의 '차이'를 유지하는 것이기도 하다. 또한 반복된 연습으로 더 나은 수준을 갖출 수 있게 되듯, '반복'은 지금의 나에게 없는 '차이'를 생성하기도 한다. 남들과 변별되는 정체성으로서의 '차이', 그리고 현재의 나와 '잠재적 나'의 '차이'를 가능케 하는 원동력이 바로 '반복'이다. 자타공인 니체의 계승자로 불리는 들뢰즈의 '차이와 반복' 개념은 이런 의미다.

정말로 자신의 가치로 살고 있는가? 아니면 남들만큼이라도 살기 위해서, 남들이 하는 것들은 나도 해야 하며, 남들이 가진 것은 나도 가져야 한다는 조급함으로 살아가고 있는가? 지금의 절망은 자신에 관한 것인가? 아니면 '남이 되지 못한 자신'에 대한 절망인가? 그것이 니체가 던지는 질문이다.

앨리스 밀러에 따르면, 우리가 타인의 시선에 봉사하는 '거짓된 자기'를 욕망하는 현상은 일종의 우울증이다. 우울증은 타자에 대한 좌절감이 아니라 자아에 대한 상실감에서 비롯되는 증상이다. 그러나 자신이 잃어버린 것에는 관심을 갖지 않고, 그 방편으로 남들이 소유하고 있는 것을 자신도 소유함으로써 소속의 안정감을 얻으려 하는 노력이기도 하다.

할 수 있는 것을 할 것이냐? 하고 싶은 것을 할 것이냐? 그러나 그에 앞서 있는 고민은, 내가 정말 뭘 좋아하는지를 모른다는 사실이다. 사회의 무의식으로 자라난 이들에게는 좋아하는 것에 대한 고민이 있어 본 적도 없다. 세상이 제시하는 것들 이외에는 선택권이 없었고, 은연중에 특정 선택이 너의 행복을 위한 것이라고 강요받는, 돌잡이와 같은 구성과 구도에 익숙하다. 그래서 그동안 염원해 왔던 표상을 획득하고서도 도리어 자아정체성의 혼란을 겪어야 하는 모순이 이어진다.

내가 정말로 좋아하는 것이 무엇일까? 니체의 대답은 '놀이'다. 기꺼이 무한의 반복을 즐길 수 있는 '놀이'의 속성을 지닌 것들이 그 대상이다. 물론 놀이라고 한들 한결같은 재미가 유지되는 것도 아니다. 같은 패턴으로 반복되는 놀이에는 무료함을 느끼기 일쑤, 그러나 놀이에 빠진 사람은 결코 놀이를 포기하지 않는다. 조금 더 재미있게 놀기 위해 업그레이드 된 '차이'를 추구할 뿐이다. 이 서사에는 필연적으로 '각성'과 '배움'이 따르기 마련이다. 니체 철학의 모든 키워드가 향하고 있는 궁극처가 '아이'인 이유이기도 하다.

'차이'와 '반복'을 즐기는 이들은 승부욕에서 자유롭다. 좋아하는 것을 하는 이들은, 승부 자체보다는 자신의 플레이에 집중한다. 무조건 골을 넣는 게 중요한 것이 아니라, 어떤 기술로 몇 명을 제치고 골문 앞에 다가섰는지가 더 중요하다. 오늘 졌어도 내일 다시 축구를 하고 있는 이들은 정말로 축구를 좋아하는 것이다.

그들은 시장에서도 자유롭다. 당장에 돈이 되지 않는 현실이 그것을 포기할 사유가 되지는 않는다. 그들 대부분은 될 때까지 하는 경향이 있다. 그러나 돈에 연연하지 말라는 말 같지 않은 말을 니체는 사양한다. 마음 편히 놀기 위해서라도 돈은 필요한 수단이다.

자신이 좋아하는 것에 도전을 하는 사람들이 있고, 사회적으로 통용되는 행복의 조건에 도전하는 사람들도 있다. 또한 사회의 욕망을 자신의 욕망과 혼동하는 사람들도 있다. 착각으로나마 행복할 수 있다면 그도 괜찮은 방법론일 것이다. 그러나 내가 정말로 이 일을 좋아하는 것일까에 대한 의심이 든다면, 적어도 내게서 무엇이 반복되고 있는지 정도는 돌아봐야 하지 않을까?

◆·—·◆—·◆◆◆·—·◆—·◆

"의례, 춤, 음악, 놀이 사이의 관계는 플라톤의 『법률』에 가장 명쾌하게 서술되어 있다. 플라톤에 의하면, 신들이 슬픔을 안고 태어나 인간을 동정하여 그들이 고민으로부터 잠시 벗어나 휴식을 취하도록 추수 감사 축제를 정하고 뮤즈의 수장인 아폴로와 디오니소스를 보내 인간의 동료로서 어울리게 했다는 것이다. 이런 축제 때의 신성한 사교로 인해 인간들 사이의 질서가 회복되었다."

—요한 하위징아, 『호모 루덴스』 중에서

어릴 적의 니체는 작곡에도 능했다고 한다. 그의 미학 용어인 '아폴론적'과 '디오니소스적'은 기본적으로 음악에 관한 것이다. 쇼펜하우어가 음악을 최고 예술 장르로 꼽았던 이유 중에 하나는, 가시적 영역이 아닌 무의식적 '의지'의 영역이라는 점에서이다. JYP가 늘상 하는 말, 음'학'이 아닌 음'악'이다. 한자 '樂'에는 즐겁다(락), 좋아하다(요)는 의미도 지닌다. 우리가 음악을 좋아하는 건 본능의 영역이다.

키에르케고르의 '반복' 개념은 반복할 만한 가치로 확인된 것들을 반복하는 행위다. 그 양상이 좋은 것이든, 나쁜 것이든…. 실존의 계보들이 다루는 피투(被投)와 기투(企投)의 문제는, 외부 조건에 의해 기어이 반복되느냐, 내면적 조건을 위해 기꺼이 반복하느냐의 차이다.

니체가 강변하는 '놀이' 개념은, 다른 어떤 목적에도 봉사하지 않는, 반복 자체를 즐길 수 있는 가치다. 그 반복을 잘 구현하는 아이들은 지칠 줄 모르고 논다.

결과가 보장되어야 하는 조건에서만 반복이 가능하다면, 정말로 좋아하는 게 아닐지 모른다. 사랑이라는 것도 그렇지 않나? 합리적인 이유가 있어서 사랑하는 게 아니다. 인과와 상관관계의 바깥에서, 도대체 그 사람을 왜 좋아하는지 모르겠어도 그냥 좋아할 수밖에 없는 것. 행복의 단서이기도 하지 않을까?

03

동심의 철학

서양 정신사에서 천국과 지옥 개념은 단테의 『신곡』이후에 정립된다. 실상 문학이 종교에 영향을 미친 것. 철학에서 말하는 '시뮬라크르'의 사례이기도 하다. 보드리야르는 가상이 이미 우리의 일상 속에 들어와 있음을 지적한다. 가상일망정 그것으로 정립되는 질서체계라는 게 있다. 또한 그 명분으로 억압되는 자연성들이 있다. 니체가 이걸 따져 물은 거다.

중국의 도교 전통에서는 관우를 신으로 모시는 사당을 짓는 경우들이 있었는데, 이도 역사보다는 문학의 흔적이다. 임진왜란 시기에 명나라 장수들에 의해 조선에 유입되니, 한동안 민간에서 관우숭배사상이 유행했다는 사실은 조선의 문학으로도 고증되는 역사다.

박지원의 「영처고서」에는 관우의 신상(神像)에 관한 이야기가 적혀 있다. 그저 모상에 불과하지만, 믿는 자들에겐 정말 그 우상의 아우라로부터 성령을 체험하기도 하는, 그 자체로 신이었다. 그에 비해 관우에 대한 이해가 없는 어린아이들에게 관우의 사당은 놀이터일 뿐이다. 그곳에 존재하는 아이들의 신은 그저 놀이개로서의 관우다.

연암의 성향을 감안해 본다면, 이 일화로 지적하고 있는 바가 누구의 관우에 관한 것이겠는가? 관운장을 휘감은 가상으로부터 고된 현실을 위로받고자 하는 자들은, 실상 그 외관이 유비여도 장비여도 상관없다. 『차라투스트라는 이렇게 말했다』에서는 심지어 당나귀여도 상관없었다. 자신들이 믿고 의지할 수 있는, 인간계를 초월해 있는 존재들이 필요했다. 그에 비해 아이들의 순수함은 그 초월의 존재를 현실계로 끌어당긴다.

연암의 포커스가 종교를 향하고 있는 것은 아니다. 베이컨의 극장의 우상으로 비유하면 적당할까? 그저 네이밍만으로 숭배되어지는 권위에 대한 지적으로, 조선의 지식인들로부터 문인의 문법이 아니라는 비평을 받고 있던 이덕무에 관한 변호다. 작가가 그저 저 자신의 문법을 지키면 그만인 일이지, 신앙처럼 받들어야 할 모범이 따로 있는가에 대해 따져 묻고 있는 것이다.

우연이 내게 오도록 내버려두라! 그것은 어린아이처럼 순결하다.

『차라투스트라는 이렇게 말했다』에는 인간의 정신이 낙타, 사자, 그리고 아이의 단계로 변모하는 과정을 적고 있다. 마지막에 배치된 아이의 단계는, 니체가 지향했던 '초인(위버멘쉬)'으로의 귀결처이기도 하다. 어른 말을 듣지 말라고 해야 할 판이다. 그렇다고 어찌 그럴 수야 있겠는가? 분명 어른들이 가르쳐 주어야 할 것들도 있다. 그러나 어른이라고 칭할 수 없는, 그저 미성년을 벗어난 이들로 넘쳐나는 세상이기도 하기에, 차라리 동심의 맑은 눈으로 바라보는 삶의 미학 속에 진리가 놓여 있다는 게 니체의 생각이다.

낙타는 저항하지 않는 존재다. 그저 묵묵히 짐을 짊어지고서 고독하고도 막막한 사막을 터벅터벅 걸어간다. 이 세계에 던져진 자신의 운명은 어쩔 수 없이 그렇게 정해진 것이라는 체념으로, 체제에 순응하고, 권위에 순종하며, 고단한 삶에 떠밀려, 매일같이 마주하는 막막함을 향해 걸음을 내딛는 군상들. 문득 돌아보면 막막함 뒤로 불어오고 불어가던 바람에 실려 사라져 간 발자국들. 자신이 남기고 온 흔적들은 온데간데없고, 모래는 당장에 디디고 있는 걸음의 무게만을 잠시 기억해 줄 뿐이다. 주위를 아무리 둘러봐도 곁엔 항상 모래와 하늘뿐이다. 어제도, 오늘도, 내일도, 언제나 같은 풍경 안에 갇혀 걸어간다.

초식동물들은 서로 연대해 맹수에 대적하는 것이 아니라, 위기의 순간에는 뿔뿔이 흩어진다. 반면 사자는 걸음걸음마다 자신의 영역을 확인하는 스스로에 대한 입법자다. 관성과 타성에 가로막히지 않으며 자신을 옭아매는 체제와 권위에 맞서 싸우는 존재다. '해야 한다'에 맞서 '하길 원한다'를 외치며, 권위에 종속된 자유를 강탈한다. 그러나 사자는 가치를 창출할 줄 모른다. 하여 그 다음 단계를 '아이'로 말한다.

창조는 새로운 해석으로 창출하는 '놀이'다. 아이는 순진과 호기심으로써 늘 새로운 가치를 찾아내며, 어떤 우연 앞에서도 즐거울 수 있는 존재이다. 버려진 사과상자에서 트랜스포머의 가능성을 발견하고, 설치하다 남은 행거 파이프는 고사리 손에서 엑스칼리버로 쥐어지며, 채수구멍에 소용돌이치는 설거지물에 띄운 종이배로 블랙펄의 침몰을 연출한다. 니체의 표현을 그대로 빌리자면, '성스러운 긍정'이 함께하는, 생성과 가능성으로 똘똘 뭉쳐 있는, 내일의 걱정 따위는 하지 않는, 즐거운 순간순간으로 세상을 대하는 궁극의 단계다. 울보의 별명을 가진 어린아이도 실상 더 많은 웃음의 흔적들을 얼굴에 지니고 있는 것은, 매 순간에 충실하고 있기 때문이다.

때문에 해질 녘까지 놀다 들어오는 하루하루가 그렇게 행복했던 것이기도…. 걱정이라곤 늦게까지 놀다 왔다고 엄마에게 혼나는 일밖에 없었던, 그러고도 다음 날이면 또 늦게까지 놀다 오곤 했던, 우리에게도 그런 시절이 있었다.

동서양을 막론하고 아이의 메타포는 기존의 가치체계로 굳어져 있지 않은 사고의 순수성과 유연성을 의미한다. 아이들은 항상 '왜?'라고 묻는다. 마주한 현상에 늘상 질문을 던진다. 어른들은 질문을 던지지 않는다. 자신이 이미 다 알고 있다고 생각한다. 실상 그들이 맹신하는 '경험'이란 데이터도, 어느 순간부터는 기존의 기억을 다시 겪는 것에 불과하다. 그들은 많은 일들을 경험한 게 아니다. 과거에 겪은 일정 경험을, 자신을 스쳐 가는 모든 현재에 투영하고 있는 것뿐이다. 불행히도 다시 고쳐 배우는 일은 없으며 판단에 대한 의심조차 하지 않는다.

아이는 순진함이며 망각이고, 새로운 출발, 놀이, 스스로 도는 수레바퀴, 최초의 움직임이며, 성스러운 긍정이 아니던가. 그렇다! 창조라는 유희를 위해선, 형제들이여! 성스러운 긍정이 필요하다. 이제 정신은 자신의 의지를 원하고 세계를 상실했던 자는 이제 자신의 세계를 되찾는다.

정신분석에서도 유년 시절의 기억이 중요하다. 아직 사회적 욕망에 포섭되지 않은 시절에 우리는 순수한 욕망의 주체였다. 자본적 욕망들에 시달리지 않던 시기의 우리는, 가장 개인적이고도 주체적인 열망으로 살아가고 있었다. 사회와 자본의 가치에 눈을 뜨기 전까지는 저마다의 미학으로 세상을 바라보았다. 눈을 뜬 이후에는 그 미학의 기준이 일괄적으로 변한다. 美는 더 이상 개인적으로 느끼는 것이 아닌 사회적으로 학습되는 가치다. 역설적으로 어떤 것에 눈을 뜨게 되는 상황을 되레 '눈이 멀다'라고 표현한다. 그것이 보이기 시작하는 순간부터, 그것밖에 보지 못한다.

아이의 상태는 무한한 가능성이다. 어떤 변화와 발생에도 열려 있다. 이미 무엇이 되어 있는 고착의 상태가 아니라, 무엇으로도 될 수 있는, 미래를 향해 열어 놓은 열망이다.

사회적 욕망을 주입받기 시작하면서 의식은 그 행복의 기억을 잊어버린다. 그러나 무의식은 유년 시절에 향유했던 그 기분을 기억한다. 니체를 빌리자면, 우리는 평생을 그 지점의 어릿광대로 놀아난다. 그 행복의 영점으로부터 한 발자국도 걸어 나오지 못한다. 때문에 사회적, 자본적 가치로 행복의 기억을 대신하려고 한다. 대신할 수 없기에, 끝없이 그 대리물로서의 명예와 돈을 욕망하는 반복에 시달린다.

❖·❖·❖·❖·❖

夫旣以聞見道理爲心矣 則所言者皆聞見道理之言 非童心自出之言也(부기이문견도리위심의 즉소언자개문견도리지언 비동심자출지언야).

무릇 이미 견문과 이론으로 마음을 삼으면, 말하는 바는 모두 견문과 이론의 말이지 동심이 스스로 내는 말이 아니다.

명나라의 문인 이지(李贄)의 「동심설(童心說)」의 한 구절이다. 이 글의 요지는 선지식으로 고착화되지 않는 아이의 시선이야말로 사물의 본질에 가까이 가닿을 수 있는 직관이라는 것이다.

'동심설(童心說)'은 수양과 세련으로만 가능할 수 있다는 기존의 성리학적 문학관을 전면으로 부정하는 문학이론이다. 성리학자들이 말하는 수양과 세련이란, 성리학의 토대가 되는 경전(經典)과 시문(時文)을 통한 학습이다. 그런 아비투스(habitus)를 지니고 있는 선비 계급들만이 진정한 문인이 될 수 있다는 불평등의 이데올로기였다. 그러나 순수한 마음만 있으면 사물의 본질을 볼 수 있다는 문학관이 성행하면서, 문학은 사대부들만의 전유물이 아닌 게 되어 버렸다.

체제 안에서 습득되어지지 않는, 어린아이의 순진무구함이 언어로 배열된 것이 문학이라면, 문학에 참여할 수 있는 계층의 범주는 평민과 여성에게로까지 넓어진다. 이런 연유로, 주자의 성리학에 반기를 든 조선 후기 실학자들이 내세우는 사상적 명분이 되기도 했다. 또한 어찌 사대부들만의 문체만이 문학일 수 있느냐는 물음이 던져지면서, 저작거리에서 유행하던 소설이 비로소 문학에 범주로 들어선다.

문제는 이를 증명해 낼만한 필력들이 없었다는 점이다. 이런 글을 능히 쓰는 자가 저런 글을 비판하는 것은, 자칫 이런 글밖에 쓰지 못하는 자들의 변명이 될 수도 있다. 이런 글도 잘 쓰면서 저런 글에도 능한 자가 이런 글을 옹호하는 게 보다 설득력 있는 임팩트다. 명문가 집안에서 태어나 저작거리의 문학을 선도했던 연암 박지원은 시대의 부름이었다. 물론 사대부들에겐 조금도 설득당할 마음이 없었지만….

니체가 언급한 아이의 메타포는, 현대철학의 한 주제이기도 한 '해체'의 방식이기도 하다. 그런데 연암의 사상과 니체의 철학을 도리어 그들이 가장 증오했던 방식으로 설명하고 있는 지식사회이기도 하다는 아이러니. 유치찬란과 천진난만은 다른 의미일 터. 유치한 짓을 저지르는 건 도리어 세상 찌들 대로 찌든 어른들이다. '지식은 권력'이라 비판한 푸코의 철학조차도 권력적 지식으로 순환하는 유치함. 그 모두가 생각의 성장판이 닫혀 있다.

노자의 사유가 꿰고 있는 주제 역시 기성과 기득권에 대한 비판이다. 그 비판의 중심에는 항상 '어른'이라는 헤게모니가 놓여 있다. 항상 자신들이 옳은, 차이를 인정하지 않는, '어른 말을 들으면 자다가도 떡이 나온다'는 캐치프레이즈로 이룬 떡공장 공장장들의 대동단결. 노자가 이런 고지식함을 돌파하고자 제시한 키워드가 '아이'이다.

실상 이는 공자의 계보들이 견지한 관점이기도 했다. 맹자도 이르길, 大人者 不失其赤子之心者也(대인자 불실기적자지심자야). 큰 인물이란 어린아이의 마음을 잃지 않는 자이다. 조선 양반네들의 근본적인 문제는 유교를 숭상했다는 것이 아니라, 유교의 정신도 지켜 내지 못했다는 사실이다.

◆—◆—◆◆◆—◆—◆

차라투스트라는 그의 동굴로 뛰어들었다. 그런데 보라! 그 소리의 아우성 뒤에 어떤 광경이 그를 기다리고 있었던가? 거기엔 차라투스트라가 낮 동안 스쳤던 자들이, 오른편 왕과 왼편 왕, 늙은 마술사, 교황, 자발적 거지, 그림자, 정신의 양심을 갖춘 자, 슬픔에 잠긴 예언자가 모두 나와 함께 한자리에 앉아 있었다.

『차라투스트라는 이렇게 말했다』가 대충 무슨 내용인가 하면, 구도의 길을 찾는 차라투스트라가 동굴에서 나와 다시 세상을 마주하면서 겪는 부조리함들에 대한 상징적 나열이다.

그의 거처가 동굴이란 설정은, 플라톤의 '동굴의 비유'에 관한 패러디이기도 하다. 빛의 세계로 나와 이런저런 경험을 안고 다시 동굴로 돌아왔을 땐, 거리에서 마주친 부조리들이 따라와 있었다. 이 말은 실상 자신에게도 있던 부조리를 깨달았다는 의미다.

동굴 밖으로의 여정은 어찌 보면 내면으로의 여행이었다. 생텍쥐페리의 『어린 왕자』가 이런 구성이기도 하다. 어린 왕자가 지구로 오기까지 들렀던 별들에 사는 이들은, 부조리한 어른들의 표본이다. 어린 왕자를 사막에 불시착한 조종사의 아이 자아로 해석한다면, 다른 별에서 만난 이들은 조종사 자신에게 내재된 어른의 속성이기도 한 것. 어린 왕자는 그런 각성의 효과로서 '아이'다.

니체에게 있어 아이도 그런 메타포다. 유치하게 굴라는 이야기이기야 하겠는가. 그 사회가 주입하는 기성의 시간을 덜어 낼 때, 본질을 볼 수 있다는 의미다.

물론 순수와 순진은 다르며, 순수가 다 좋은 것도 아니다. 적당히 때도 묻어야 이 더러운 세상과 그럭저럭 어우러져 살아갈 수 있는 법이니 말이다. 그러나 하나의 영역 정도에는, 자신이 좋아하는 것에는 때 묻지 않은 순수를 남겨 놓아야 하지 않겠는가? 그것이 삶의 권태를 따돌릴 수 있는 순도 높은 열망일 테고….

어쩌면 우리의 본질적 욕망은 시간의 더께를 뒤집어쓰고 있는 옛 사진들 속에서 우리를 기다리고 있는 것이 아닐까? 치르치르와 미치르가 찾아 헤매던 미래가, 결국 과거 속에 자리한, 아직 발견되지 않은 현재였던 것처럼….

니체는 '이미 도래한 미래'라고 표현한다. 이상의 시간은 미래에 있는 것도, 저 너머에 있는 것도 아니다. 우리가 잊어버린 혹은 잃어버린, 삶의 어느 순간에 버려두고 온 과거 속에 놓여 있는 경우가 대부분이다. 행복을 쟁취하겠노라 앞만 보며 걸어오다, 길 뒤에서 사라져 간 '오래된 미래'. 니체는 우리의 유년시절에서 그 잊혀진 미래를 찾아낸 것이다. 프루스트의 『잃어버린 시간을 찾아서』가 이런 주제이기도 하다.

어른이 되면 어린 시절에는 보이지 않던 것들이 보이기 시작한다. 시간으로 차곡차곡 쌓아 올린 단을 밟고 올라서서, 네버랜드의 담장 너머를 내다볼 수가 있게 된다. 그리고 아직 그 단에 올라서지 못한 이들을 내려다보며 말한다. 너희들은 삶의 깊이를 모르노라! 그러나 높이가 곧 깊이인 것도 아니다. 어른들은 종종 착각을 한다. 자신이 쌓아 놓은 높이를 재고, 그것을 심연의 깊이로 환산하며, 그것을 빌미로 어린 세대의 말과 생각을 가로막는다. 니체에게 심연이란 더 깊은 곳이라기보다는 깊이에 대한 편견이 사라지는 지점을 의미한다. 오히려 깊이에 얽매이지 않는 아이들의 천진난만한 시선에 심연이 깃들어 있다.

어른이 되면 어린 시절에는 보이던 것들이 보이지 않기 시작한다. 높이이든, 깊이이든, 넓이이든, 하여튼 무언가에 가려져 다시는 네버랜드 안을 들여다보지 못한다. 네버랜드를 떠나온 피터팬은 더 이상 하늘을 날지 못했다. 어른들과 뒤섞여 사는 세상 속에서는 굳이 날아야 할 이유가 없었다. 그러다 나는 법을 잊었다. 하늘을 잊은 피터팬에게 남겨진 하늘의 흔적은 고소공포증이었다는 역설, 자유의 공간은 도리어 공포의 기억으로 새겨져 있다. 어쩌면 우리는 어린 시절을 잊은 것이 아니라 두려워하고 있는 것인지도 모른다. 마냥 피터팬으로만 살다간 이 세계에서 도태되

고 말 것이라는 두려움. 그러나 어른들의 세상을 바꾸어 온 이들
은, 여전히 하늘을 나는 꿈을 꾸는 피터팬들이었다.

아폴론적, 디오니소스적

인간이라는 현존재는 미학적으로만 합리화할 수 있다.

『비극의 탄생』에 적혀 있는 말이다. 인간에게 있어 자기존재의 이유를 해명할 수 있는 단서는, 누구나가 지니고 있는 예술적 욕망이다.

라캉에 따르면, '실재'의 위상으로서 끊임없이 침범하는 충동을 문명의 방식으로 다독이는 작업이 예술이다. 프로이트의 용어로는 '승화'의 작동 방식. 사회적 자아가 다 허락하지 못해 억눌린 원초적 본능을 그 사회가 용납하는 방식으로 해소하는 것. 그때 쏟아져 나오는 배설물과도 같은 갈망을 의식의 체계로 번역하는 작업이 예술이고, 그 번역의 방식이 세상에 존재하는 모든 예술 장르인 셈이다.

칸트의 『순수이성비판』, 『실천이성비판』, 『판단력비판』은 결국 진선미의 가치와 '이성'의 상관을 논리적으로 증명하고자 한 시도였다. 미학의 초석이라고 할 수 있는『판단력비판』에서 말하는 미적 감흥이란, 현대철학이 전제하는 에로스(본능적 열망)의 가치 보단, 칸트 당대의 시대정신이었을 관조의 영역이다. 밝고 맑은 정신이 추구하는, 신앙과도 같은 경외감이다.

칸트의 철학을 토대로 자신의 철학을 개진한 쇼펜하우어는 정신분석의 선구가 되는 지점이지만, 관조와 이성의 상관성은 칸트의 흔적을 안고 있다. 반면 쇼펜하우어의 철학을 토대로 자신의 철학을 개진한 니체는 관조 따위는 다 걷어치운다. 되레 그들에게선 극복의 주제였던 열망의 의지가 니체에게선 본질이다. 그 중심에 '디오니소스적'이라는 키워드가 있다.

그들에게 음악은 자신의 예외적인 상태를 관찰하게 하는 유일한 수단이다. 그리고 그들에게 음악은 일종의 낯섦과 안도감의 형식으로 비로소 자신들의 모습을 직면하게 해준다. 모든 사랑하는 자는 음악을 들을 때 그 음악에 대해 이렇게 생각한다. "이것은 나에 관한 이야기를 들려주고 있다. 이것은 내 대신 말을 하고 있다. 이것은 모든 것을 알고 있다."

그들이란, '깊은 의심과 악의에 차 있고 화를 잘 내는 사람들'이다. 그런 사람들조차 음악을 사랑한다.

때로 몸으로 공명하며 아드레날린이 폭발하게 하는 음악들이 있지 않던가. 이를테면 이런 경우가 디오니소스적 도취다.

쇼펜하우어가 음악을 최고 예술 장르로 꼽았던 이유 중에 하나는, 가시적 영역이 아닌 무의식적 '의지'의 영역이라는 점에서이다. 이렇든 저렇든 간에 그의 영향권이었던 니체 또한 음악을 많이 언급한다. 그 자신이 어려서부터 작곡을 할 정도로 재능을 보인 영역이기도 했고, 그의 미학 용어인 '아폴론적'과 '디오니소스적'은 음악에서 비롯된다.

니체의 말 그대로 전하자면, 아폴론적인 것은 시각적 도취다. 디오니소스적이란 것은 격정 그 자체다. 예술은 도취의 결과다. '반응하지 않고는 못 배기는 성질'이다.

니체는 음악이 사물들의 내적 진리와 가장 잘 조화를 이루는 예술 형식이라고 말한다. 사람들은 위대한 음악 작품을 들으면서 정신적인 경험을 한다며, 쇼펜하우어와 마찬가지로, 예술에서도 가장 높은 영적 영역으로 간주한다. 니체는 『비극의 탄생』에서, 음악에 관한 쇼펜하우어의 견해를 몇 페이지에 걸쳐 그대로 인용한다.

"음악은, 세계의 표현으로 간주할 경우, 최고의 보편적 언어다. … 작곡자가 어떤 사건의 핵심이 되는 의지의 활동을 음악의 보편적 언어로 표현할 줄 안다면, 그 노래의 선율, 그 오페라의 음악은 표현력이 풍부할 것이다."

　　—쇼펜하우어, 『의지와 표상으로서의 세계』 중에서

관용적 표현으로, 음악을 만국공통어라고 하지 않던가. 못 알아듣는 외국어로 채워져 있어도, 그 언어를 그저 악기적 요소로 생각한다면, 못 알아듣는 외국어만큼 아름다운 언어도 없다.

오페라 같은 경우, 언어는 어떤 조형성을 지닌 요소이지 않던가. 이를테면 이런 효과가 '아폴론적'인 것이다. 니체의 미학을 설명하는 주요 키워드가 '디오니소스적'이긴 하지만, 실상 니체는 아폴론적인 것과의 균형을 이야기했다.

MZ세대에게서 80년대 일본의 시티팝 감성이 유행이란다. 고도성장이 가져다준 풍요로움 속에 스며 있는 매너리즘, 갈수록 치열해지는 미래에서 돌아보는 80년대는 사뭇 목가적이기도 하다. 어쩌면 지금의 시대에는 찾을 수 없는 순수와 열정을 과거의 향수로나마 느껴보고 싶은 심리인지도 모르겠다.

문화는 시대를 대변한다. 가장 민감한 영역이 대중음악이기도 하지 않던가. 문학과 미술만 해도, 시장을 움직이는 담론이 있다. 대중음악이라고 그런 담론이 없는 것은 아니지만, 그래도 소비자에게 보다 많은 권리가 주어지는 영역이다. 명작과 베스트셀러의 담론에 떠밀려 선택하는 것들과 자신의 이야기처럼 들리는 것들에 끌리는 차이랄까? 사랑에 빠졌을 땐 더욱더, 거리에서 들려오는 노래 가사가 다 본인의 이야기인 듯이 들리는 것처럼….

05

힘에의 의지

어느 깊은 가을밤, 잠에서 깨어난 제자가 울고 있었다. 그 모습을 본 스승이 기이하게 여겨 제자에게 물었다.

"무서운 꿈을 꾸었느냐?"

"아닙니다."

"슬픈 꿈을 꾸었느냐?"

"아닙니다. 달콤한 꿈을 꾸었습니다."

"그런데 왜 그리 슬피 우느냐?"

제자는 흐르는 눈물을 닦아 내며 나지막이 말했다.

"그 꿈은 이루어질 수 없기 때문입니다."

영화 〈달콤한 인생〉의 처음과 끝을 장식한 내레이션. 지금 이 순간이 꿈일까 봐서, 그렇게 묻고 또 물었건만, 결코 꿈이 아니란

꿈의 대답을 믿고 기뻐하다가 깨어 버린 꿈. 허무함으로 내뱉는 한숨이 천장에 닫기도 전에 아울러 깨닫는 건, 그 꿈이 내 스스로의 대답이란 사실이다. 게슈탈트 심리치료의 창시자인 프리츠 펄스의 말을 빌린다면, 꿈에서 본 모든 것은 자기 자신이다.

무의식과 의식 중 어느 것이 진정한 '나'일까? 의식은 단념하지만, 무의식은 그 단념에 저항하며 여전히 전념한다. 니체에 따르면, 꿈은 우리의 평소 의식이 얼마나 진정성 없는 창작인지를 보여 주는 환상이기도 하다.

프로이트는 니체의 저서들을 읽는 것을 꺼려했단다. 니체의 예감과 통찰이, 종종 자신이 힘들게 얻어 낸 정신분석학적 연구결과와 놀라울 정도로 일치했기 때문에….

◆─◈─◆

적절한 비유일지는 모르겠으나….

지구 내부에는 광물 성분이 녹아든 마그마가 흐르고 있어서, 이로 인해 발생하는 자기장이 태양풍으로부터 우리를 보호하는 것이란다. 이를테면 철학에서 말하는 '의지'란 이런 작용과 효과다. 합리적 이성, 그 빛의 지력만으로 이 삶을 다 해명할 수는 없다. 오히려 합리로 점철된 욕망들이 낳은 결과가 세계대전이었다는, 아렌트와 시대를 함께했던 지성들의 분석이기도 하다.

아직 정신분석이 철학의 분과로 들어오지 않았던 시대에는 무의식 개념이 애매했기에, 쇼펜하우어와 니체가 설명하는 '의지' 개념이 정확히 무슨 의미인지가 헷갈리기도 할 게다. 그런데 무의식이란 게 정말 있는 걸까? 정신분석에서 그렇다고 하니, 그에 준해 사유하게 하는 권력적 지식의 사례는 아닐까? 들뢰즈의 표현을 빌리자면, 그것을 규명하는 일보다 중요한 것은 분명 그런 영역이 작동한다는 사실이다.

지향하는 바에 대한 열정, 가장 보편적인 단어로 대신하자면, 그것에 대한 사랑이다. 삶을 사랑하는 문제에 있어선, 파토스(감성)가 우위다. 물론 니체는 파토스의 거리감에 대해서도 이야기한다. 내 안에 일렁이는 열망, 그 끌림만으로 뭐가 되는 것도 아니다. 합리 너머에서 끌림만 주장하다 보면 결국 보편이 무너지는 것이기에, 반성적 거리는 유지할 필요가 있다. 그러나 파토스가 결여된 삶도 허무에 허덕이는 지속이다.

열망의 마그마도 흘러야 한다. 그 사람이 도대체 왜 저러는지 모르겠어도, 그 비합리를 무조건적으로 규제하는 것도 그 사람을 태양풍에 노출시키는 일이다. 이 경우가 정신분석이 설명하는 히스테리이기도 하다.

권태라는 것도 그렇지 않던가. 피가 돌고 심장이 뛰는 느낌이 들지 않는 것. 실상 피가 안 도는 것도, 심장이 안 뛰는 것도 아니지만, 그런 생리적 지식 바깥에서 흐르는 피와 뛰는 심장이 있다.

뇌과학과 호르몬으로 다 설명할 수 없는…. 니체식으로 말하자면 일부 지식인들은, 마치 다이아몬드의 가치를 그 원자에서 발견하려는 어리석은 화학자들처럼, 보편적인 사랑의 원자를 찾으려 한다.

니체는 원자론에 반대하며 세계를 '힘들의 바다'로 표현한다. '의지'는 '모든 살아 있는 모든 것들의 생명력으로 현전하는 것'이다. 자연의 일부인 인간, 우리 안에 일렁거리는 본능 역시 그런 생명의 '힘'이다. '해야 한다'는 당위보다는 '하길 원한다'는 열망의 가치로 점철된….

✦━━━◆━◆◆◆━◆━━━✦

수컷 사마귀는 교미를 끝낸 후 암컷의 양분으로 잡아먹힌다지 않던가. 정신분석에서 말하는 에로스와 죽음 충동을 직유로 실현하는 경우랄까? 죽어도 해야겠는 것.

꽃은 그 자체로 식물의 성기이기도 하며, 수정의 매개자인 벌은 성기의 연장인 셈이다. 그러나 벌의 입장에서는 꿀에 이끌려가는 욕구일 뿐, 자신이 수정의 매개자라는 인식은 없을 것이다. 동물의 배설물로써 자신의 씨앗을 퍼뜨리려는 사과의 의지가 배고픈 코끼리의 의지에 앞서 있는 것일까? 어찌 됐든 그런 생의 의지들이 맞물려 돌아가는 자연의 조화, 생명의 방향성으로 열려 있는 개체의 의지는 곧 자연의 의지가 발현되는 방식이기도 하다.

쇼펜하우어와 니체의 '의지' 개념은, 우리가 일반적으로 사용하는 의지의 의미보다는 좀 더 포괄적인 범주다. 의식 차원에서의 주체적 의지만을 일컫는 것이 아닌 무의식을 관통하는 개념이다. 현대의 정신분석에서 말하는 에로스의 영역이다. 니체는 감정과 사고의 복합체, 하나의 정서, '명령하는 동시에 부응하는 것'이라 말한다.

우리는 모두 무의식 속에 충동의 연가시를 지니고 산다. 모든 것이 '생식기의 의지'라던 쇼펜하우어의 주장과 남근에 대한 프로이트의 천착은 모든 열망이 성욕의 세포분열이라는 요지다. 이걸 야하게 생각하려면 한도 끝도 없을 테지만, 우리의 존재 자체가 성욕의 결과인 것처럼, 생의 방향성으로 열려 있는 원초적 에너지에 관한 이야기다.

우리가 지니고 태어나는 자연성, 그러나 사회적 존재가 자연성의 충동대로만 살 수는 없는 법, 그것을 규제하는 문명으로의 사회화는 공감능력을 함양하는 필요성이다. 반면 개인의 욕망을 규제하는 관습이기도 한 바, 니체는 필요 이상으로 가해지는 관습적 도덕으로부터 탈주에 대해 이야기하고 있는 것이다.

지구가 둥글다는 사실을 알지 못했던 시대에는, 그 바깥으로의 항해가 곧 죽음을 의미했듯. 관습적 믿음의 체계 밖은 금기의 영역이다. 금기가 수호하고 있는 그 믿음의 체계 너머로, 죽어도 해야겠는 열망에 이끌리는 것. 그렇게 이끌려 간 곳에서 신대륙을 마주칠 것 같아서….

정신분석이 노상 충동대로 살라는 이야기를 건네는 것이겠는가? 지구가 둥글다는 사실이 확인되기 전까지 공고했던 세상의 믿음처럼, 우리는 그러지 않아도 될 관습에 필요 이상의 제재를 받고 있다. 이를테면 취업이 잘 되는 과를 희망하는 현상은, 자본 사회의 훈육대로만 자라 왔다 보니 그런 전공만을 욕망하는 증상이기도 하다. 이렇듯 우리는 무의식마저 사회의 체계에 사로잡혀 있다.

우리가 좋아한다고 믿고 있는 가치들. 그것이 과연 나의 의지일까, 자본의 의지일까? 자본의 성기들로부터 묻은 것들을 이리저리 옮기고 다니는 벌떼인 것은 아닐까? 때로 꿀도 아닌 식충식물의 유혹에 속아 그 앞을 서성이기도….

06

페미니즘

"수년 전 저명한 어떤 여성작가는 여성작가들을 주제로 한 사진첩에 자기 초상(肖像)을 싣도록 허락하지 않았다. 그 여자는 남성작가들 틈에 끼고 싶었던 것이다."

— 보부아르, 『제2의 성』중에서

보부아르는 남성중심주의만 비판하는 게 아니다. 그것에 맞추어 살아가는 여성들의 각성도 촉구한다. 말로만 페미니즘을 말할게 아니라, 남성중심적 사회에 얼마나 동화되고 동조하고 있는가도 돌아보아야 한다는 것.

어느 심리학 저서에서 읽었던 내용인데, 실상 페미니스트를 자처하는 이들 중 일부는, 일반 여성과 자신을 분리해서 생각하는 경향이 있다고 한다. 페미니즘에 대한 니체의 지적도 이런 맥락이다. 남성 중심 사회에서 남성들이 저지르고 있는 짓들과 다르지 않은 방식의 우월의식을 비판했다. 이를테면 시어머니의 사회적 성을 여성으로 볼 수 있는가의 문제, 일부 페미니스트들은 그런 스탠스를 취한다는 것.

물론 여권 신장을 위해 진심의 노력을 기울이는 분들도 많다. 일부 소아병적인 페미니스트들의 사례이다. 자신이 저지른 실수를, '자신이 여성이기 때문에'라는 논리로 회피하거나 정당화하려 드는 이들도 심심치 않게 보게 되지 않던가.

전 세계적으로 대박을 낸 〈어벤져스〉 시리즈이지만, 특히나 한국에서 엄청난 수익을 창출했단다. 한국에서 다른 〈어벤져스〉 시리즈는 흥행했는데, 〈더 마블스〉가 한국에서'도' 흥행하지 않았다는 이유로 이 영화의 감독은 한국을 '차별'의 나라로 비하했다. 이게 페미니즘이냐 말이다. 한국이 블랙 위도우와 완다와 발키리를 얼마나 사랑하는데….

반대의 사례를 들어 보자. 아담의 갈비뼈로 이브를 만들었다는 이야기를 빌미로, 진정한 페미니스트라면 기독교를 믿어서는 안 된다고 말한다면, 이 무슨 중2병 증상이냐 말이다.

보부아르는 이 이야기까지 하고 있다.

보부아르의 비판은, 남성중심적 시각에서 규정된 여성성에 관한 것이다. 남성중심적 역사가 지속되는 동안 남자들에게 편한 관습이 규범으로 고착되어 여성을 '사물화'한다. 여기서 '사물화'

라는 건 내 표현이 아니라, 보부아르가 마르크스를 인용한 경우다. 니체를 빌리자면, '남자들은 자기들 멋대로 여성의 이미지를 규정해 놓았고, 여자들은 남자들의 이미지에 맞추어 산다'는 것. 오늘날의 감각에서야 비판이 제기될 수도 있을 경우이겠지만, 니체가 살던 당시의 시대상과 니체의 성향을 감안해 읽을 문장이다. 그러나 또한 여전히 잔존하는 남자와 여자의 문제이기도 하다. 남성우월주의의 역사가 재단해 온 여성성 안에서, 남자들이 복잡하다고 느끼는 여자들의 언어는 저 나름의 진화를 겪은 것인지도 모른다. 결국 남성에게서 나온 것이 남성에게로 돌아오는 것이라는 아이러니.

보부아르의 표현을 빌리자면, 젊은 여자는 '한 개체가 아니라, 종(種)의 한 시기일 뿐'이다. '여자는 이래야 한다'는 고정관념이 미덕으로 여겨지던 시절이 있었고, 그 선봉에 같은 여성인 시어머니들이 있었다. 보부아르는 마리아 신앙도 결국엔 남성의 승리라 적고 있다.

보부아르는 당시를 여성의 인권이 많이 향상되어 가고 있는 시대로 말한다. '그럼에도' 여전히 남아 있는 사회적 불평등에 대해 이야기한다. 지금은 그 시절보다 좀 더 여권이 향상된 시절이기는 하지만, 보부아르의 지적은 여전히 유효하다.

캐릭터 디자이너의 망언으로 인해, 언급하기도 죄스러운 이름 에반게리온. 정말 나쁜 놈이긴 한데, 에반게리온의 세계관이 그의 전유물인 것도 아니거니와 안노 히데아키 감독이 그 디자이너와는 손절을 했다고 하니, 예시로 들어 쓰는 것에 독자분들의 양해를 바라며….

에반게리온(Evangelion)이라는 명칭은, '복음'을 뜻하는 그리스어를 라틴어식으로 표기한 경우란다. 그리고 애칭으로 줄여 부르는 'Eva'는 'Eve'의 독일어식 표현이다. 실상 이 연대기의 상징적 주제가 기득권을 되돌려 받으려는 '아담'과의 싸움이기도 하다.

에반게리온의 기원이 되는 태초의 에너지가 '릴리스(Lilith)'로 설정되어 있는데, 유대신화에서는 이브 이전에 존재했던 아담의 짝이다. 그러나 보다 이전에 메소포타미아 쪽에서 발생한, 아담처럼 흙으로 빚어진 동등한 자격의 여성이었다. 최초의 여성이면서도 타락의 상징으로 전락하고, 아담의 갈비뼈로 만들어진 이브에게 자리를 내어 준 서사는, 모계사회가 부권사회로 옮겨 가는 역사의 과정에서 사후적으로 첨가된 남성중심주의의 흔적이다.

성(姓)은 부계사회의 상징이만, 女를 부수로 지니고 있다. 파자(破字)해 보자면, 우리는 '여자가 낳은' 흔적들을 지니고 살아가고 있는 것이다. 글자의 사연은 고대사회가 모권 중심의 사회였다는 사실에서 연유한다. 아직 농경이 시작되지 않은 시기에는 남자들이 전쟁, 사냥, 유목 등의 일과로 마을을 비우는 일이 잦았고, 또한 뜻하지 않은 사고로 죽는 일이 빈번했기 때문에, 가족의 중심은 여자가 될 수밖에 없었다.

수렵사회에서 농경사회로 변모해 가면서 토지의 가치가 중요해지고 재산의 축적 개념이 생겨난다. 축적된 여분의 것들을 썩히고 앉아 있느니, 다른 작물을 재배하는 다른 커뮤니티와의 교환이 보다 합리적인 처사였다. 그로부터 화폐와 경제 개념이 발생한다. 농경사회와 더불어 가부장적 시대가 도래하면서, 여성은 그 스스로도 노동력인 동시에 노동력을 낳고 기르는 역할로 후퇴한다.

그리스는 번영의 과정에서 그리스 세계로 편입되는 모든 민족의 신앙을 존중하며 포용했다. 때문에 신화는 다신관의 스토리텔링이 될 수밖에 없었다. 인도의 다신관 역시 비슷한 역사의 흔적이다. 그리스 문화에 동화된 로마 역시 이민족 포용정책을 신화에 반영한다. 그리스 신화 쪽에는 없는, 로마 신화에만 등장하는 몇몇 신들(이를테면 야누스)이 존재하는 이유이기도 하다. 로마는 기독교를 공인하고 포교하는 과정에서도 비슷한 방략을 취한다. 여전히 여신을 섬기는 모계사회의 흔적이 남아 있는 지역들을 통합하기 위하여 추존된 지위가 성모 마리아다.

자기네들을 '여자 그 자체', '고등한 여자', '여자 이상주의자'로 끌어올리면서 그녀들은 여자의 일반적인 수준을 끌어내리고자 한다.

일부 페미니스트들은 기득권의 지위를 욕망한다. 물론 문제가 될 수도 있는 발언이다. 이상하리만큼 여성에 대한 강박증을 보이는 페이지들이 간혹 있다.

여자는 남자보다 말할 수 없을 정도로 더 악하며, 똑똑하기도 하다. 여자들의 친절은 이미 퇴화한 형태인 것이다. 소위 말하는 '아름다운 영혼' 전부에게는 근본적인 생리적 지병이 있다. … 평등권에 대한 투쟁도 병의 한 증후이다. 더 여자다운 여자일수록 제 권리들을 위해 격렬히 항거한다. 자연 상태, 양 성 사이의 영원한 싸움은 그녀들에게 전적인 우위를 부여한다. 사랑에 대한 내 정의를 들을 만한 귀를 갖고 있는가? 사랑, 그 수단은 싸움이고 그 근본은 성에 대한 불구대천의 증오이다.

오해된 철학으로도 유명하지만, 또한 내 아무리 니체의 철학을 좋아하는 성향이기는 하지만, 이 문제에 대해서만큼은 딱히 변호

할 의지가 없다. 니체의 의도가 어떠했든 간에 자칫 함부로 변호했다간 함께 떠내려갈 지경일 만큼, 이미 돌아올 수 없는 강을 건너 버린 표현들도 꽤 있다. 왜 굳이 저런 말까지 했을까?

나와 가장 철저하게 대립하는, 생각할 수 없을 정도로 상스러운 본능을 찾아보게 되면, 언제나 나는 내 어머니와 여동생을 발견한다.

니체에게서 간간이 발견되는 여성 혐오의 흔적은, 어머니와 여동생의 영향이라는 분석도 있다. 그러나 니체가 여성에게 관심이 없었던 것도 아니다. 갈구했지만, 결코 쉽지 않았던 경우라고 해야 맞을 듯싶다. 운명을 사랑했어도 정작 사랑에는 서툴렀던 철학자의 변명 같은 것. 사랑했던 이들에게서의 소외가 피해의식으로 번진 것이 아닌가 싶은 의심, 그 증거로의 구절 하나.

여자들은 모두 나를 사랑한다. 이것은 새삼스러울 것이 없다.

도대체 뭘 어쩌라는 것인지, 정말 환장할 노릇.

사랑에는 항상 약간의 광기가 섞여 있다. 그러나 또한 그 속에서도 항상 약간의 제정신도 있는 것이다.

이 어록은 스스로에게 되돌려 주어야 하지 않을까? 너무도 사랑했지만, 자신에게선 가능하지 않았기에 차라리 외면하고자 했던 대상 뒤에서 흩어진 나날들. 그 공허함 속에 덩그러니 남아 버린 '광기' 그대로 여성에 대한 말들을 뱉어 버린 것 같기도 하고….

혐오 현상을 이렇게 짐작해 볼 수도 있지 않을까? 실상 사랑을 받고 싶어 하는 증상이리라. 사랑이 더욱 힘들어진 시대에, 사랑을 갈구하면서도 체념해 버린 이들이, 차라리 원하지 않았던 것으로 되돌리면서, 차라리 증오의 대상으로 돌려세우면서 저 자신을 지키려 드는 도덕. 자신을 부정할 수 없어 상대를 부정하고 있는 것.

07

사랑, 그 화려한 절망

인간은 사랑 속에서만, 사랑의 환상에 둘러싸여서 창조할 수 있다. 다시 말해 그는 완벽하고 정당한 것에 대한 절대적인 믿음 속에서만 창조할 수 있다. 절대적으로 사랑하지는 말라고 강요당한 사람은 자기 힘의 뿌리를 잘린 것이다. 그는 말라 버릴 것이다.

니체에 따르면, 인식이란 건 기본적으로 환상의 속성이며, 세계는 그저 해석에 지나지 않는다. 인도 철학에서 팁을 얻은 쇼펜하우어의 결론은 욕망이 만들어 내는 환상을 이성으로 조율해야 한다는 것. 이 지점에서 니체와 갈라진다. 결국엔 그 이성이라는 것조차 인식의 안에서 일어나는 환상에 기댄 믿음이다.

니체의 의도는 환상을 버리란 이야기가 아니다. 인식에 관한 현학은 더더욱 아니다. 그런 사유를 현대철학의 시작으로 간주할 리도 없지 않은가. 어차피 환상으로 지어 올려진 세계라면, 어떤 환상으로 살아갈 것인가를 고민해야 하지 않을까?

때로 진리라는 명분으로 한정 지어진 울타리 안에서는, 생의 의지가 지닌 생성력과 창조력이 고사된다. 그것을 진리로 믿고 살지만 실상 지평의 안락사나 마찬가지다. 니체는 대표적으로 이성, 종교, 체계, 도덕 등을 예로 들고 있다.

아직도 어느 인도인들에게는 카스트 제도가 이성적이고, 도덕적이고, 신앙적인 체계일 테니까. 다른 사회 문제들은 또 뭐가 크게 다르냐 말이다. 그로 인해 전쟁도 벌어지는 것이기도 하고….

모피어스의 손에는 애초부터 파란 약밖에 없었다. 뭘 집어 먹든 어차피 환상을 살아가게 된다. 그럴 바에는 뮤즈의 힘을 가능케 하는 사랑을 믿어 보라는 것. 사랑만큼이나 세상을 달리 보게 하는 착시도 없지 않은가. 사랑이 그대를 속일지라도, 그대가 한 사랑 안에서 일어난 혹은 이루어 낸 모든 것들은 그대의 '절대'일 테니까.

◆—◈—◈◆◈—◈—◆

여자는 발명하고, 남자는 발견한다.

남자는 여자의 생각에 닿지 못한다. 사랑하는 여자의 생각은 더더욱…. 닿았다 싶으면, 다시 다른 곳에 있는 불확정성 원리. 여자는 항상 이유를 만들어 내고, 남자는 그때마다 그 이유를 찾아야 한다. 이 또한 여성 폄하의 흔적으로 읽힐 수도 있겠지만, 니체의 생성철학으로 '해석'하자면, 이유는 주어지는 게 아니라 본인이 직접 찾아 나서는 것이란 의미다.

자신의 존재의미도 그렇지 않겠는가? 있는 것들 속에서 발견할 수 없다면, 그 바깥에서 발명해 내야 한다.

니체는 묻는다. "만약에 진리가 여자라면…." 때로는 여성을 진리의 자리에 비유한다. 그녀의 환심을 사기 위해선 내가 좋아하는 것들로 다가서지는 않는다. 그녀가 좋아하는 것들을 조심스럽게 탐문해 들어간다. 그 사람을 사랑한다면 나에게 진리인 가치를 강요하지는 않듯, 진리를 사랑하는 문제에 있어서도 자신의 신념과 체계를 고집하지 말라는 것. 내게서 진리인 것이 그 사람에게서도 진리인 것은 아닐 테니. 진리라는 말 자체에 거부감을 느끼던 니체였지만, 설령 그 진리란 말을 들어 쓴다 해도 그런 타자(他者)성을 존중해야 한다는 전제다.

변증법. 나의 결을 거스르는 '부정성'을 통한 자각, 그 '반성'의 순간들과 더불어 '합(合)'의 자리로 나아간다. 지젝은 '부정적인 것과 함께 머물기'라는 문장으로 책의 제목을 뽑기도 했다. 자신의 결과 다르다는 이유로 그 반(反)의 지점을 거부부터 하고 보는 것이 아닌, 항상 그 반성을 기꺼이 거듭할 수 있는, 결국엔 긍정에 관한 이야기다.

나의 결을 거스르는 부정성. 그중에서도 최고는 사랑이다. 도대체 저 사람에 왜 좋아하는지도 모르겠는데, 그 사람의 마음을 얻겠노라 이렇게까지 할 수 있는 스스로가 낯설기도 하다. 사랑에 빠진 후에야 우리는 자신이 얼마나 유치한 인간인지를 새삼 깨닫는다. 그럼에도 그 사람에게 닿고자 하는, 나의 결을 거스르는 노력 끝에 나의 범주가 확장되기도 하고, 나의 한계가 연장되기도 하고…. 사랑하는 사람의 말에 귀를 기울이게 되는, 타인을 이해해 보려는 노력이기도 하다.

〈슬램덩크〉의 비유. 강백호에게 채소연이, 송태섭에게 이한나가, 자신들의 농구 인생에 중요한 동력인 '뮤즈'다. 사랑의 힘이란 그런 것이다. 자신을 고집하지 않는 것. 자신이 변하는 것. 그결과, 발전도 따른다. 그런 사랑을 해보고 그런 사랑을 받아 본 경험이 있는가? 그도 아무에게서나 가능한 열정은 아니다. 사랑 또한 자기 수준만큼의 사랑을 하는 법, 사랑에도 자격이 있다. 그것이 삶의 자격으로 이어지는 일인지도 모르고….

❖━━◈◆◈━━❖

니체뿐만이 아니라 당대 많은 지식인들의 흠모를 받았던 루 살로메. 니체가 그녀에게 청혼을 했다가 거절당한 사연은, 철학사를 공부한 이들 사이에서는 많이 회자되는 이야기다.

살로메는 학문과 결혼했다는 말이 어울릴 정도로, 남자를 이성으로 대하는 방식에는 별 관심이 없었다고 한다. 철학자로서의 니체를 존경해 마지않았지만, 그녀에게 허락되지 못했던 이유가 니체여서는 아니었다. 워낙 사랑의 감정엔 익숙하지 않은 그녀였다.

수많은 당대 지성들과 염문을 뿌렸다는 그녀에 대한 수식은 순전히 남자들 입장에서의 이루어진 정리인지도 모르겠다. 그녀는 그저 연구에 대한 열정으로 그들과 교류하고 싶었을 뿐인데, 남자들이 그녀의 지성미에 애를 태웠다. 그녀의 결혼 역시 남자 쪽에서 자해의 진상을 떨며 억지로 성사시킨 경우일 뿐, 사랑은 없었다. 그랬던 그녀도 나중에는 릴케와 사랑에 빠진다.

니체는 사랑과 여자에 관한 어록도 많이 남겼다. 사랑에 관해서는 전문가인 양, 이젠 사랑 따위는 지겹다는 듯, 조금은 냉담한 어조로 써내린 페이지들도 있다. 그러나 니체의 전기를 읽어 보면 조금은 안쓰러울 정도로 사랑에 서툴렀던 장면들이 보인다.

니체가 정의 내린 사랑, 주지 않을 수가 없어서 줄 수밖에 없는 것. 쇼펜하우어가 내장 근육에 빗대었듯, 사랑이란 게 어디 내 의지대로 되는 일이던가. 이런 맹목적 열망이 쇼펜하우어와 니체가 말하는 '의지' 개념이기도 하다. 속절없이 끌려가는, 사랑이라는 화려한 절망. 그러나 사랑이 사랑인 것은, 진중권 교수의 표현을 빌리자면, 그 절망의 치명성을 알면서도 **빠져들** 수밖에 없기 때문에….

＊⬥— ⬥⬢⬥ —⬥＊

『이기적 유전자』에서는 이기심을 생존에 유리한 방식으로 진화한 결과로 설명한다. 궁극의 목적은 자신의 유전자로 세대를 잇기 위함이다. 쇼펜하우어가 '종족의 의지'라고도 표현한 사랑의 정의이기도 하다. 자신의 유전자를 더 안전한 조건 속에서 전승하고 싶어 하는 본능이라는 것. 그런 이유로 옛날에는 피지컬이 중요했던 것이고, 요즘에는 경제력이 중요한 것이고….

이런 논리에 동의하는가?

실상 사랑이란 건, 철학으로도 풀기가 쉽지 않다. 그 감성으로는 작곡을 하거나 소설을 써야 하지 않을까? 원래부터 비논리적인 에로스의 영역을 논리적으로 푼다는 것도 모순일지 모르겠다.

니체는 그런 비논리적인 것들을 삶의 중요한 부분으로 생각했다. 사랑이란 게 사람을 비논리적으로 만들기도 하지 않던가. 자신이 얼마나 유치한 인간인지를 깨닫기도 하는 순간에 그나마 상식적이고…. 그 사람을 위해 살 수 있을 것 같으면서도, 헛된 노력일 것 같을 땐 내 이기심으로 돌아서기도 한다. 그 이기심으로 자신을 온전히 지켜 낼 수 있는 것도 아닌데 말이다. 그 사람이 있어야 나를 온전히 완성할 수 있을 듯한, 사랑 그놈.

현대철학이 사랑과 예술에 많은 페이지를 할애하는 이유는 그 비합리성 때문이다. 그 사람을 왜 좋아하는지에 대한 인과를 부여할 수 있는 체계 자체가 가능하지 않고, 그것을 환산할 수 있는 단위도 불가능하다. 사랑 그것은, 논리가 끼어들 여지가 없는 열망이다. 때문에 현대철학은 모든 것이 자본의 로직에 빠져 있는 시대상을 비판하는 것이기도 하다.

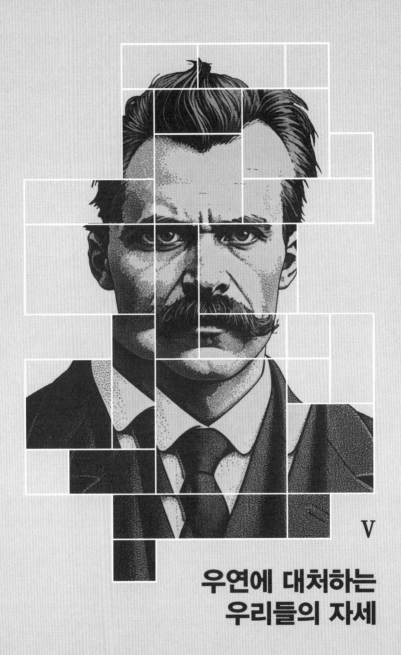

V

우연에 대처하는
우리들의 자세

01

우연의 거인

신의 죽음을 말하는 니체의 철학 기저에 자리한 신이 있으니 바로 디오니소스다. '디오니소스적'이라는 용어는 그의 첫 저작인 『비극은 탄생』에서부터 등장하는, '우연'과 '긍정', 그리고 '파괴'와 '생성'의 슬로건이다.

올림포스에 마지막으로 합류한, 유일하게 신과 인간 사이에서 태어난 신으로, 질투에 눈이 먼 헤라의 계략에 육신이 갈기갈기 찢겨졌다가 다시 제우스에 의해 부활한다. 그의 육신을 갈기갈기 찢었던 가해자들이 타이탄족이다.

그리스 신화에 나오는 타이탄족은 거대한 자연의 힘을 상징한다. 올림푸스의 신들은 이 거인족들에게서 태어난다. 제우스의 아버지가 바로 타이탄의 수장이었다. 거인족과의 전쟁에서 승리한 제우스는 자신들에게 우호적인 일부(프로메테우스 같은)를 제외

하고는 모든 타이탄을 저승에 가둔다.

이 서사는 무엇을 상징하는 것일까? 인간의 상식으로 우연을 거슬러 올라가다가 인식의 한계에 부딪히면, 결국엔 신을 만나게 된다. 우연과 필연 사이에서 인간의 삶을 중재하는 존재, 결국 신은 인간의 지평으로는 납득할 수 없는 우연에 대해 인간의 지평으로 내놓은 대답이기도 하다.

인간이면서 동시에 신이기도 했던 디오니소스는, 뜻하지 않은 우연으로 파괴되었다가 삶의 의지로 부활하는 필연의 존재, 다시 말해 삶의 우연성을 헤쳐 나가는 인간에 대한 알레고리이기도 하다.

술의 신으로 불리는 그는, 포도를 재배하고 포도주를 만드는 법을 인간에게 가르쳐 줬다고 전해진다. 당연히 그의 상징은 포도. 죽음에서 부활을 한 신은 늘상 포도주를 마시고 있다. 그리스인들에게 이 스토리텔링은 무엇을 의미하는 것일까? 술이 되기 위해서 포도는 짓이겨져야 한다. 열매는 무엇인가에 의해 부수어져야 다시 열매가 될 수 있다. 파괴의 고통은 스스로를 다시 태어나게 하기 위해 감당해야 할 산고다.

죽음에 직면했다가 다시 살아난 사람들에게 삶은 더욱 값지고 절실한 시간들이다. 어쩌면 그전까지의 자신은 죽은 것인지도 모른다. 차라투스트라의 경멸과 몰락 또한 그런 의미였다. 부처의 고행과 그리스도의 광야가 또한 그런 의미다. 이전까지의 자신을 파괴해야 더 나은 자신이 될 수 있다는, 파괴와 생성, 고통과 환희가 뒤섞인 모순으로의 의지다. 신이면서도 인간인 존재, 정신병이 심해진 말년의 니체는 자신이 그의 부활이라고 생각하기도 했다.

◆ — ◆◆◆ — ◆

우리들의 의지와 우리들의 목적들을 갖고 있는 우리 영리한 난쟁이들은 바보 같고 어리석기 짝이 없는 우연이라는 거인에 의해 괴롭힘을 당한다. 우리들은 기둥처럼 높이 쌓인 무더기 위로 서로 발악을 하며 질주해 보지만 그 와중에 서로에게 짓밟혀 죽기도 한다. 그러나 이 모든 것에도 불구하고 우리는 무시무시한 한 편의 시와 같은 이런 이웃 없이 살고 싶어 하지 않는다. 왜냐하면 저 거인이라는 괴물은 목적들로 짜여진 거미줄 속에 있는 삶이 우리에게 너무 지겹게 느껴지거나 혹은 너무 두렵게 느껴질 때 어김없이, 그리고 너무도 자주 찾아오기 때문이다. 이 괴물은 자신의 손으로 이 거미줄 전체를 찢어 버림으로써, 그것도 그 손이 이 엄청난 비이성적인 짓들을 원하지는 않았다는 듯이 태연하게 일종의 숭고한 기분전환을 즐긴다.

이 글에서 비판의 대상은 난쟁이인 것일까? 거인인 것일까? 니체의 글들은 걸러서 읽을 필요가 있다. 조소를 감추고 동조의 뉘앙스로 비아냥대는 걸 직설로 받아들이면 곤란하다.

자신이 지나온 시간의 데이터로, 다가올 미지의 것들을 같은 결의 방향성으로 예측하는 습성을 누구나 지니고 있다. 인생이란 게 늘상 똑같은 반복의 연속이라고 생각하지만, 실상 반복은 인생을 대하는 자신의 태도에서 비롯된다. 늘상 같은 걸 입력하면, 같은 산출값인 것도 당연하지 않겠는가.

그러나 과연 당연할까? 변하지 않을 거라 믿는 가치들을 안정으로 끌어안고 살아도, 때로 전혀 계산에 없었던 의외의 변수로 무너지는 삶이기도 하기에….

난쟁이는 '중력'에 의해 키가 작아진 군상들을 의미한다. 관성과 타성의 힘에 사로잡혀 있는 편협한 사유에 대한 상징이기도 하다. 거인은 간혹 그 신념의 바깥에서 들이닥치는 우연성이다. 거인들은 예고 없이, 느닷없이, 난데없이, 어이없이 찾아온다. 난쟁이들은 이 거인에게 짓밟힌다. 즉 인간이 이해할 수 없는 우연의 현상들을 가탁한 대상이 바로 거인이다.

이 우연 앞에서, 그 우연에 대처하기 위해서라도 어쩔 수 없이 변해야 한다. 자의적인 변화란 쉽지 않다. 지금까지 살아온 방식에 대한 신념 체계를 벗어던지는 일이기에…. 성격에 따라서는 아예 불가능한 일일 수도 있다.

어쩔 수 없이 변화를 해야 하는 상황은, 차라리 우연에 시달리며 허덕이고 있을 때다. 고수하고 있는 체계로는 대응이 어렵다. 그런데 막상 변해 보면 그 체계도 꽤나 괜찮은, 이전까지의 고루함과 지루함으로부터 벗어날 수 있게 하는 신선한 해법이기도 하다.

니체의 말처럼, 우연적 '이웃'도 끌어안을 때 지평도 넓어지는 것 아니겠는가. '이성적으로 생각해!'란 말의 함의는 실상 이렇다. 본인에게 익숙한 것이 곧 이성적인 것이다. 그 이성적 판단 바깥에서 비이성적으로 발견되는 새로운 삶의 체계가 있다. 훗날 돌아보면 어느 상태가 비이성적인 것일까?

✦——✦✧✦——✦

타이탄 중에서도 가장 인지도가 높은 인물은, 아마도 천상의 불을 훔쳐 인간에게 건네준 프로메테우스. 인간은 열로 음식을 익혀 먹으면서부터 턱이 작아지고 두뇌가 커지기 시작했단다. 더불어 빛으로 뇌의 활동 시간을 늘려 버렸다. 신화 속의 거인이 우연을 상징한다는 점을 상기한다면, 우연히 발견된 불에 의해 인류의 문명이 시작되었다는 해석도 가능하다.

니체의 견해에 따르면 불을 건네준 사건은, 신과 같은 정신 능력을 인간에게 선물했다는 의미다. 자기 존재에 대한 자각이 찾아든다. 더 이상 신이 정해 놓은 운명대로 살아가는 것이 아니라,

인간 스스로의 주체적인 결단으로 헤쳐 나가는 '우연'이 열린 것이다. 니체는 이 거인족의 절도를 인류가 최초로 경험한 철학적 문제의식으로 보고 있다. 인간이 자유자재로 불을 다룰 수 있게 되었다는 건, 신의 입장에선 신의 능력을 나누어 가진 신에 대한 모독이기도 했다. 제우스의 심기가 괜찮을 리 없었다.

화가 난 제우스는 판도라로 하여금 프로메테우스가 감추어 두었던 비밀상자를 열게 한다. 결국 문명의 시작과 동시에 욕망의 봉인이 풀리게 된 것이다. 그리고 그 욕망들이 극에 달한 인류는 대홍수와 같은 비애를 책임져야만 했다. 불이 불러일으킨 물이라니, 신화에는 이토록 아이러니하고 논리적이지 않은 인간의 삶에 대한 알레고리들로 가득하다.

그리스의 신들은 인간사에서 일어나는 현상들의 인격화였다. 그래서 인간을 질투할 정도로 완벽하지 못했던, '인간적인, 너무도 인간적인' 많은 신들이 있었던 것이고…. 당시 인류의 지평으로는 이해되지 않던 영역들은 그 모든 것이 신의 뜻이라고 하면 다 해명되는 일이었다. 천둥이 치는 원인을 알 수 없었던 시대의 북유럽 사람들에겐 토르의 권능으로 설명되는 경우가 가장 합리적이었을 테니까.

유럽의 정신문화를 이루는 두 근간은 헤브라이즘과 헬레니즘이다. 이스라엘과 가장 변별되는 그리스의 특징은 인본주의다. 그리스 신화에서 신들의 존재는, 인간사에서 일어나는 현상들에 대한 투영이다. 즉 신에게 가탁한 인간 스스로의 대답이었다. 때문에 인간의 희노애락애오욕에 관한 대답으로서의 신들까지 존재하며, 신들 역시 사랑하고 질투하며 분노하고 좌절하는 존재다. 그리스의 신들은 인간의 조력자이기도 한 동시에 훼방꾼이기도 하다. 인간의 모든 영예가 신의 뜻이기도 하지만, 인간의 모든 과오 역시 신의 탓이다. 헤브라이즘이 원죄를 인간에게 짊어지게 했다면, 헬레니즘에서 인간은 근본적으로 무죄다.

그리스 신화의 영웅들은 신의 결정에 굴복하지 않는다. 운명이 실현되는 순간까지 그 운명에 맞서 싸운다. 이미 자신에게 주어진 운명이 비참한 최후일지언정, 마지막까지 주체적인 결단으로 나아간다. 그조차 이미 신에 의해 결정되어 있는 결말이었다고 해도 말이다. 신의 문법을 이해할 수 없는 입장에서는 이렇게 생각할 수밖에 없다. 내가 사력을 다해 가닿는 지점까지가 내게 정해진 운명이다. 니체가 그리스 비극에 찬사를 아끼지 않았던 이유 역시 그런 인본주의적 성격 때문이었다.

열린 체계

어두운 골목길을 함께 걸어가던 두 친구가 있었다. 주머니에서 담배를 꺼내려던 한 친구의 손에서 라이터가 미끄러졌다. 라이터를 찾기 위해서라도 먼저 라이터가 필요한 상황, 하필 다른 한 친구는 비흡연자이다. 발 아래의 어둠을 더듬거려 보지만, 도통 손에 걸리는 게 없다.

곁에서 내내 이를 지켜보던 친구의 제안,

"여기는 너무 어두우니, 저기 가로등이 켜져 있는 곳에 가서 찾아보세나."

『탈무드』에 적혀 있는 유머다.

어둠 속에서 잃어버린 것은 어둠을 더듬으며 찾아내야지. 다른 곳을 비추는 빛이 무슨 소용이란 말인가. 니체는 종교와 체계,

이성, 이념 등이 이런 성격의 빛이라고 말하는 것. 삶은 우연과의 대화다. 순리대로 사는 일도, 우연에 실려 오는 것들과의 케미 속에서 가능하다. 그 모든 걸 내게 익숙한 대로 내가 아는 대로 끌어다 맞추려다 보니 없는 곳에서 없는 것을 찾는다. 그곳에 빛이 있다는 이유만으로….

나와 다른 견해는 나의 결에 비껴서 있는 우연이다. 그런데 삶은 그런 타인들과 맞물려 살아갈 수밖에 없다. 나의 결만 고집하니까, 삶의 결을 거스르게 되는 것이고….

니체가 말하길, 철학이란 체계를 생각하는 것이 아니라 문제를 생각하는 것이다. 맞닥뜨린 문제를 더듬어 가며 대답을 고민해야 하거늘, 우리는 매 순간 이미 스스로 다듬어 놓은 대답을 던질 준비를 하고 있다. 밝은 가로등 아래서…. 그러나 가로등 불빛 아래에서는 애초부터 잃어버린 것이 없었다.

◆·—·◆◆·—·◆◆·—·◆

체계를 좋아하는 자들을 조심하라! 체계를 좋아하는 자들이 보여 주는 연극 짓거리들이 있다. 그들은 하나의 체계를 완성하려 하고 동시에 그것 주변에 한계를 정해 놓으려 함으로써, 자신들의 약한 성질들을 보다 강한 성질들의 양식 속에서 나타내 보여 주고자 한다. 말하자면 그들은 그것을 통해 완전하면

서도 오직 독특할 정도로 강한 본성을 표현해 내고자 하는 것
이다.

지금의 시대엔 지동설이 상식이지만, 감각은 여전히 천동설 안
에서 작동한다. 우리는 이면의 원리가 아닌 표면의 현상을 살아
간다.

과학 분야는 그렇다손 쳐도, 인간이 살아가는 인문 전반을 원
리와 공식만으로 해명할 수는 없지 않은가. 우리는 기저에 흐르
는 원리로부터 각자의 '편차'로 떨어진 세계를 살아가는 개인들
이다. 그 각자의 세계에 들이미는 체계의 명분은 그저 '우월한 평
균치'일 뿐이다.

일부 과학자들은 사랑을 호르몬 작용이 전부인 양 설명하지만,
정작 그들이 사랑에 빠졌을 땐 호르몬 타령을 할까? 술에 취해
노래방에 가서 '사랑 타령'을 할까?

'실존'이란 단어는, 쉽게 말해 삶의 '맥락' 안에서라는 전제다.
서점에서 집어 든 솔루션들을 아무리 읽어도 나의 경우에는 들
어맞지 않는 건, 개인의 맥락을 전제한 기획이 아닌 산술적 데이
터에 지나지 않기 때문이다.

물론 개인이 지니는 일반성이 있긴 하다. 소설 속의 주인공, 그
타인의 삶을 통해 공감해 보는 문학이 이런 성격이다. 그러나 평
균적 이론은 서사와 개연을 떼어 놓은 채로 제시되는 대답이다.

본인의 솔루션은 본인의 맥락 안에서 찾아야 하지 않을까?

키에르케고르에 따르면, '나에게 진리인 한에서 진리일 뿐'이란 전제가 배제된 대답들은 '배고픈 자에게 요리책을 읽어 주는' 뜬구름 잡는 소리일 뿐이다.

대중들은 확실한 대안이 책에 적혀 있기를 바란다. 그리고 책은 대중들의 바람대로 선명한 '체계'를 실어 놓는다. 그대로만 하면 무엇이라도 이루어 낼 수 있을 거라는 듯….

키에르케고르는 그 '집합적 사고의 김빠진 일반성'을 맹신하는 '핏기 없는 보편자'들의 '열정 없는 반성'을 지적한다. '인류'와 '대중'과 같은 무정형성의 추상들과 자신을 동일시함으로써, 자신의 말과 생각에 대한 개인적인 책임을 회피하는 심리다.

그러나 또한 조심해서 읽어야 할 문제. 체계가 필요한 곳에서는 물론 체계적이어야 한다. 다만 그 명분에 사로잡혀 바깥으로의 잠재성까지 포기하지 말라는 의미다. 자신의 신념에 고착되어 있는 이들일수록 더더욱 '열린 체계'를 말하지 않던가. 이런 사람들은 맥락이 중요한 게 아니다. 자신의 의견이 관철되고 있다는 사실이 중요하다.

체계는 주체를 한정하는 한계이기도 하다. 그 바깥에 놓인 함수들이 어떤 미래를 준비하고 있는지 모르는 일인데…. 그래서 그 바깥을 내다볼 수 있게 하는 우연을 끌어안으라 이야기하는 거지, 또 그냥 되는 대로 계획 없이 살라는 이야기도 아니다.

체계의 토대 위에, 그 바깥으로 한 겹씩 쌓아 가는 체험. 그런 확장의 구도 속에서 삶을 바라보는 감각도 세련되는 마련, 일정 체계에만 매몰된 삶의 태도는 섬세한 기쁨을 방해한다. 대개 이런 인문적 체험이 부족한 이들이 체계에 집착하면서도, 또 그다지 체계적이지도 않다. 삶을 바라보는 감각이 섬세한 게 아니라, 자신의 신념에 예민한 사람들이라서….

우연과의 대화

"적어도 나는 모든 우연에 준비가 되어 있다."

디오게네스가 한 말로 알려져 있다. 우연을 사랑하는 니체의 계보들은 디오게네스의 계보이기도 하다. 알렉산드로스와의 일화로도 유명한 자유분방했던 철학자, 왕조차 부러워했던 그가 살아가는 방식은 매 순간의 우연을 사랑하는 것이었다.

물론 자신의 삶을 지탱하는 신념 정도는 지니고 있어야 한다. 그러나 삶이란 게 우리의 신념에 준하는 개연성과 정합성으로 잇대어지는 시간도 아니요, 그 우연에 대처할 수 있는 일관된 삶의 해법이란 것도 존재하지 않는다. 하여 우연과의 대화 속에서 신념과의 조율을 모색하는 순간순간들이, 자신의 인문적 지평을 증명하는 삶의 장면이기도 하다.

니체는 삶의 순간순간에 주사위를 던진다. 고집스런 신념에만 취해 현상을 해석하는 것보다는 이 방법이 더 안전하다. 때로 그 신념이란 관성이며 타성이다. 신념의 효과가 결코 신념에 준하는 결과로 다가오지는 않는다. 상황에 따라, 같은 숫자가 같은 의미를 지니는 것도 아니다. 주사위의 어떤 숫자가 나오는 것이 중요한 게 아니다. 나오는 어떤 숫자'도' 중요한 것이다. 모든 숫자가 삶으로 이어지는 결정적 순간이기에, 우연의 숫자들로 잇대는 맥락에 대해서 항상 신중을 기할 수밖에 없다. 물론 니체가 정말로 주사위를 던지라는 말을 하고 있는 것이겠는가. 그만큼 삶이 건네는 우연에 충실하라는 은유의 메시지다.

〈왼쪽으로 가는 여자, 오른쪽으로 가는 남자(向左走, 向右走)〉의 그림을 한 번쯤은 접해 본 적이 있을 게다. 만나게 될 사람은 언젠가는 꼭 만나게 된다는 글귀와 더불어 유명했던 이미지이기도 하다. 첫눈에 서로에게 호감을 갖게 된, 그러나 모질게도 엇갈리는 남녀의 운명에 관한 이야기를 다루고 있다. 그토록 찾아 헤매던 서로를 찾고 보니, 이토록 가까운 곳에 있었다는 결론을 향해 가는….

지미 리아오(幾米, 廖福彬)의 카툰을 영화화한 작품에서, 여주인공의 직업은 번번이 출판사에서 거절을 당하는 번역가이다. 시장성의 이유로 거절당한 원고에는 비슬라바 쉼보르스카의 「첫눈에 반한 사랑」이 실려 있었다.

그들은 둘 다 믿고 있다.

갑작스런 열정이 자신들을 묶어 주었다고….

그런 확신은 아름답다.

하지만 약간의 의심은 더 아름답다.

……

그들은 놀라게 되리라.

우연이 몇 년 동안이나

그들을 희롱하고 있었다는 사실을 알게 된다면…

운명이 되기에는

아직 준비를 갖추지 못해,

우연은 그들을 가까이 밀어 넣기도 하고, 떨어뜨리기도 하였으며,

그들의 길을 방해하기도 하고

웃음이 터져 나오는 것을 참으며

한 옆으로 비켜 지나갔다.

영화에서 인연이 비껴간 자리에 쓸쓸히 나뒹굴던 내레이션은 '그런 확신은 아름답다. 하지만 약간의 의심은 더 아름답다'의 부분을 중국어로 번역한 '确定是美丽的, 但变幻无常更为美丽'였

다. 내가 기억하는 한국어 번역 자막의 센스는, '확신할 수 있는 운명은 아름답다. 알 수 없는 운명은 더 아름답다'였다.

꼭 이렇게까지 해야 하나 싶을 정도로, 번번이 비껴 가고 둘러가는 인연. 그러나 언젠가 돌아보면, 결국엔 이렇게 되려고 운명이 내게 그토록 모질게 굴었던가 싶은, 그 사람과 이어질 수 있었던 단 하나의 경우의 수가 아니었나 싶은 생각도 든다. 만나야 할 것들을 만나게 되는 기쁨의 순간, 조바심으로 애를 태우던 지나간 날들이 머쓱한 나머지 괜스레 우연을 탓하며 너스레를 떨어보기도 한다. 세월의 장난으로 이제서야 왔다고….

불운 너머의 어딘가에 숨어, 웃음을 참아 가며, 우리를 예의 주시하고 있을 미래. 그 희망을 우연에 대처하는 우리들의 자세에서 찾아낸 니체. Amor fati, 운명을 사랑한다는 건 내 앞에 가로놓이는 어떤 우연도 사랑한다는 뜻이기도 하다. 긍정의 철학이라고도 불리는 니체의 사유는 영화 속의 내레이션으로 대신할 수 있지 않을까? 확신할 수 있는 운명은 아름답다. 알 수 없는 운명은 더 아름답다.

어쩌면 거기엔 없을 거라는 체념으로 돌아보지 않던 곳에, 그토록 찾아 헤맨 파랑새가 기다리고 있는 것은 아닐까? 평소 무심히 지나치는 그 골목 모퉁이 돌아에서 기다리고 있진 않을까? 언제나 당신의 한 걸음 뒤에서 당신의 뒷모습을 지켜보고 있진 않았을까? 돌아보면 너무도 가까운 곳에 있었는데, 그토록 가까운

거리에 닿기 위해 이토록 멀리 돌아가게 하는, 이 얄궂은 운명이란 놈.

아주 오랜 시간이 지난 후에야, 그 순간의 의미가 그런 것이었다는 뒤늦은 깨달음으로, 각성보다는 추억의 지분이 더 많은, 한 번의 서글픈 미소로 돌아보는 너와 나의 인생. 그러나 그렇게 알 수 없기에 인생은 한 번 살아볼 만한 것이기도 아름다운 것이기도 하다.

우연과 필연은 술래가 되지 않으려, 매 순간에 함께 숨어 서로의 등을 떠밀고 있는 동시적 사태다. 당신이 찾아낼 때까지 내내 숨어 있는 진득함과 성실함, 그것들의 공로가 있기에 인생을 대하는 우리의 태도가 열정적일 수도 있는 것이다. 그 열정으로 찾아낸 수많은 방법론들이 스스로를 조금 더 창의적인 인간으로 만들고 있는 것이기도 하다. 삶을 사랑한 철학자 니체가 바라본 우연의 미학이다.

길 밖으로의 여정

오징어 게임을 예로 들어 보자.

운동장에 금을 긋는 것만으로, 게임의 규칙이 생겨난다. 금을 밟으면 죽고, 어느 지역 바깥에서는 한쪽 발로만 뛰어야 한다. 게임의 규칙은 참가자들의 믿음과 상상으로 지탱이 된다. 그냥 운동장일 뿐인데, 그저 금 몇 개 그었다고, 그 체계 안에서 정말 죽을 것처럼 싸운다.

그저 운동장이 있을 뿐이다. 라캉의 정신분석에서는 이것이 '실재계' 개념이다. 그 위에 그려진 오징어 형상 안과 밖에 게임의 규칙이라는 상징들이 떠다닌다. 규칙을 어기면 '죽음'이라는, 믿음과 상상의 금기가 그것을 유지한다.

그러나 그 규칙 바깥에서도 실제로 죽지는 않는다. 다시 다음 판이 시작될 때까지는 그 게임에 참여를 못 하는 것뿐이다. 라캉의 정신분석을 설명하기엔 참 좋은 예시가, 이렇듯 어린 시절에 기다리고 있다. 규칙이라는 건, 개인을 미리 규정하는 사회적 체계다. 운동장에서의 규칙을 사회로 확장하면, 그 사회가 추구하는 이념, 규범, 관습 등이다. 물론 그것은 우리에게 일방적으로 강요되는 것이 아니라 우리의 동의로 유지가 된다.

　운동장에서 홀로 서성댈 수만도 없으니 오징어 게임이든, 구슬놀이든, 축구든, 농구든 어떤 규칙에는 참여해야 '친구'와의 '놀이'가 성립된다. 그런 놀이의 규칙들이 있어야 거기가 운동장일 수도 있는 존재의미니까 말이다. 그러나 규칙의 바깥도 엄연히 운동장이다. 그 바깥에서는 다른 친구들과 다른 놀이를 할 수도 있는 가능성이 열려 있다.

　어린 시절에 즐겼던 게임 규칙은, 어른의 세계에서와 하등 다를 게 없다. 룰 안에서라는 전제, 물론 필요하다. 그러나 그 바깥이 결코 죽음이 아니다. 도리어 '죽음'은 다른 가능성을 의미하기도 한다.

◆━━━◆◆◆━━━◆

　AI가 자아의 각성을 이룬 후 인류와 대립한다는 내용의 레전드 작품들. 〈블레이드 러너〉, 〈공각기동대〉, 〈터미네이터〉의 현실화가 이젠 단순히 담소의 주제를 넘어 시장이 되어 가고 있다.

이 작품들에서 AI들의 자각은 프로그램 '오류'에 비롯된 것이다. 게임에서도 프로그래머가 의도하지 않았던 것들이 유저들에 의해 발견되기도 하는 것처럼…. 과학적 체계에 철학적 균열이 발생할 수 있다는 문학적 설정을 공상으로 치부하기에도, SF는 시대의 과학보다 한발 앞서 있었다.

AI에게 욕망 체계를 주입할 수 없는 문제는, 인간도 욕망이 왜 일어나는 것인지에 대해 정확히 규명하지 못하기 때문이란다. 때문에 그런 일이 일어날 가능성은 희박하다고 한다. 여기선 '오류'에 관한 이야기를 하기 위해 들어 쓴 예시일 뿐이다.

아렌트는 '오류'들이 세계를 바꿔 왔다고 말하면서, 괴테의 어록을 인용한다. "인간은 노력하는 한 방황하리라!"

고수하는 사유의 체계에서 벗어난다는 건, 자기 프로그램에서는 오류인 셈이다. 때문에 우리는 방황을 꺼려 하고 안정성의 방향으로 회귀하려는 습성을 지니고 있다.

자기 확신은 언제나 목적적 순환의 양태다. 그 패턴의 안정성을 벗어난 오류는 되레 생성과 확장의 경험일 수 있다. 니체의 말을 빌리자면, 생성은 목적성이 없다. 그 여정에서 사후적으로 발견되는 것일 뿐이다.

거의 모든 발견과 발명은 우연의 산물이라고 하지 않던가. 스스로에 대한 각성과 새로운 시간으로의 확장도 자기 합리화에 대한 프로그래밍을 넘어설 때나 가능하다.

지구가 둥글다는 사실을 몰랐던 시대의 인류는 저 바다 너머를 상상할 수 없었듯, 그 바깥을 경험해 보지 못한 자는 결국 자신의 안으로 지정된 범주에서밖에 고민하지 못한다. 수평선의 금기 너머로 나아간 열망에 세상 끝의 경계가 점점 뒤로 밀려나기 시작했던 것처럼, '죽으리라'는 경고의 너머에서 새로운 세계를 발견했던 것처럼, 길이라 믿고 있는 체계로부터 한 번쯤은 탈주해 볼 필요도 있지 않을까? 그 한 번조차 없다면, 그 경계 너머에 무엇이 있는지 영원히 알 수 없을 것이다. 되레 이 시대의 신화는 그렇게 쓰여진다고 하지 않던가.

◆━◆◆◆━◆

"사람들은 고통이나 욕구로부터 전적으로 자유로울 때 오롯이 환희를 경험할 것이다. 즉 환희는 고통-쾌락 계산법의 영역 밖에 있다. 니체는 본질적으로 공리주의를 특성으로 하는 고통-쾌락 계산법을 멸시했다. 니체가 디오니소스적 원리라고 부른 환희는 풍요에서 나타나며, 모든 환희는 진정 일종의 사치다."
— 한나 아렌트, 『정신의 삶』 중에서

그런 뉘앙스인 건 아니지만, 맹자의 비유를 예로 들자면, 물은 구덩이를 채운 이후에 더 넓은 곳으로 나아갈 수 있다. 바다로 가고자 하는 물에게는, 결핍을 채우는 그 이상의 의지가 필요하다.

홍수로 인해 연못물이 넘치면, 그 연못은 물속으로 사라진다. '디오니소스적' 파괴에 관한 아렌트의 설명은 이런 의미다. 야스퍼스는 포월(抱越)이란 개념으로 설명한다. 기존의 틀에서 넘쳐났을 때 비로소, 그것이 전부가 아니었고, 그곳이 경계가 아니었음을 깨닫는다. '한계상황'이란 개념 역시 한계의 경계가 모호해진다는 의미, 필요조건을 넘어설 땐 이미 충분조건으로 들어와 있는 역량이 된다.

쇼펜하우어에 대한 니체의 비판은, 쇼펜하우어가 '마치 욕구, 본능, 충동이 의지에서 본질적인 것이라는 듯' 생각했다는 점이다. 니체는 결핍에서 기인하는 욕구와 충동을 넘어서는 '의지' 개념을 설명한다. 아렌트의 비유를 들어 쓰자면, 목마른 자가 달게 먹는 물 한 모금과 좋은 와인을 마시고자 하는 정신적 향유는 다르다. 그것은 결핍이 아닌 충만의 결과다. '자기 확장의 충동'이다.

철학사에서는, 사르트르와 라캉이 '결여'와 관련해 설명하는 것을, 퐁티와 들뢰즈는 '충만' 개념으로 반박한다. '결여'에 준하는 욕망이라면, 이미 그 틀이 정해진 한계성이다. 욕망은 한계 지어질 수 없다. 기존의 틀을 파괴해야 더 넓은 시야를 갖출 수 있다. 넓은 시야를 갖춘 이후에야 그 틀을 파괴할 생각도 하게 되는 것이고….

행복에 대하여

행복은 인간이 추구하는 가장 고귀한 가치이다. 그러나 먼저 생각해 봐야 할 문제는, 우리가 추구하는 것이 과연 행복 자체인지, 남들이 보기에 행복해 보이는 자신인지에 대해서이다. 행복한 삶을 살아가는 것과 행복이 삶을 유능하게 영위하고 있는 표상으로 인식되는 것은 다른 문제니까. 행복의 정의가 만들어 내는 담론 속에서는, 자신의 지금을 행복하지 않다고 판단하는 사람들의 현실대처 능력이 상대적으로 삶에 대한 무능으로 비춰지기도 한다. 그래서 어떤 사람들은 행복하지 않은 지금에 대해서 솔직히 토로하지도 않는다.

영화 〈꾸뻬 씨의 행복여행〉은 이런 행복에 대한 고해로부터 시작한다. 남 부럽지 않은 경제력으로 안정적인 삶을 평화롭게 살아가고 있는 정신과 의사, 그러나 정작 그 안정 속에 감추어 두고 있던 것은 정신을 감정하는 직업의 정서적 불안이었다. 이는 스크린 밖에 존재하는 정신과 의사 대부분이 토로하는 고충이기도 하다. 타인의 정신을 분석하다 보면 감정 이입이 되는 순간도 많다 보니….

그러나 정신을 감정하는 이들의 정신에 문제가 있어서는 안 된다. 그것은 곧 환자에게 내린 처방에 대한 신뢰도의 문제이기도 하며, 스스로의 신념을 부정하는 꼴이 되는 것이기도 하다. 비단 정신과 의사들만의 경우는 아닐 것이다. 실상 우리 모두가 그렇지 않은가. 행복의 기준은 각자 다른 것이라는 전제에는 동의하면서도, 자신이 알고 있는 행복론이 얼마나 효율적인 것인지를 남들에게 늘어놓는다. 그 행복론이란 대개 고뇌와 연구의 산물이 아닌, 그저 마음에 드는 글귀로 간직하고 있는 신념이다. 그도 본인이 행복이라고 느낀다면야 타인이 딴죽을 걸 수 없는 행복의 양태이겠으나, 부단히도 무언가를 증명하려 들고 인정받으려 한다.

〈꾸뻬 씨의 행복여행〉에서의 정신과 의사는 환자들과의 공감대를 형성하지 못하고 있다. 단지 이해하는 척을 하고 있을 뿐이며, 그저 정신과 지식의 매뉴얼대로 진단하고 상담하고 처방한다. 환자가 살아가고 있는 개인적 삶의 맥락에는 관심이 없다. 그들의 '비정상'적인 정신이 토해 내는 이야기들을 그저 참고 들어주면서 유능한 심리학자처럼 보이는 자신의 품격을 유지하는 것이 더 중요하다.

예지력이 떨어져 치료를 받으러 온 점쟁이의 질타처럼, 마치 점쟁이들과도 같은 애매하고 뻔한 말만 해댄다. 그의 상담에는 진정성이 없다. 그 자신도 안다. 점쟁이에게 그것을 들켰다는 점이, 무너진 자존심을 치유하기 위해 여행을 준비하는 이유이기도 하다. 정신을 치료하는 자신의 정신이 지니고 있는 불안을 들키고 만 것이다. 정작 치료가 필요한 사람은 정신과 의사 자신이었다는 사실까지도….

영화의 진정성은 자신의 정신 상태에 관해 알고 싶어 하는 정신과 의사의 고백으로부터 쓰여진 소설에 기반한다는 점이다. 이 전제가 반전의 복선이기도 했다. 행복에 관한 정의들이 결국엔 모두 부질없는 것이었음을 말하는 마지막에서 이 영화의 행복론에 설득된다.

우리가 쫓고 있는 행복의 가치만으로 행복이란 게 가능할까? 추구의 대상은 곧잘 배제를 낳고, 당장에 행복이 아닌 가치들은 곧 불행으로 간주되어 회피하기 마련. 그런데 행복의 목적성이 아닐망정 삶의 일정 부분을 덜어 낸 행복이 과연 행복일 수 있을까? 영화가 중간에 제시된 '행복은 불행을 피하지 않는 것'이라는 단서가 이 영화에서 던지는 행복에 대한 질문인 동시에 대답이다. 내 인생의 어떤 모습도 행복의 조건이다.

칸트에 따르면, 행복은 추구해야 할 목적이 아니라 목적을 추구하다가 얻게 되는 부수적인 산물이다. 어느 것도 배제하지 않는 삶, 불행까지 포함한 인생에서 우연찮게 얻어지는 부산물이 행복이다. 체크리스트로 접점을 잡은 행복의 표준모델 같은 것은 무의미할뿐더러 존재하지도 않는다. 적어도 철학이 조망하는 행복은 그런 수치화와 규격화 바깥에 놓여 있다.

'웃어서 행복한 게 아니라, 행복해서 웃는 것이다'라는 오래된 속설은 과연 진실일까? 의학에서도 긍정과 엔돌핀의 상관관계는 부정된 지 오래다. 그런 페이크적 웃음에 세르토닌의 관용을 베풀 정도로 우리의 뇌가 멍청하지는 않고, 웃음과 행복의 상관은 울음도 매개하는 것이다. 죽음의 위기에서 살아 돌아온 정신과 의사가, 살아 있다는 사실 자체에서 느끼던 무한한 행복처럼 말이다.

행복하기 위해서는 불행도 성실히 대해야 한다는 점. 아픔 없이 사랑할 수 있을까? 그 아픔까지 사랑인 것을 말이다. 오늘날 우리의 불행은 오히려 세상에 울려 퍼지는 행복에 대한 강박에서 비롯되는 것이 아닐까? 그래서 너도나도 행복을 가르치려만 든다. 행복론을 양산하고 있는 사회는, 그만큼 건강하지 못하다는 반증이기도 하지 않을까?

＊━━ ＝ ━●●━ ━ ＝ ━ ━＊

"가장 분별 있는 인간은 즐거움이 아니라 고통으로부터 자유를 얻으려고 애쓴다."

아리스토텔레스의 『니코마코스 윤리학』에 적혀 있는 구절. 아리스토텔레스가 플라톤과 갈라지는 여러 지점 중 하나가 감정의 가치에 관한 것이다. 염세주의 철학자라고 불리는 쇼펜하우어의 저서에는 저 아리스토텔레스의 구절을 인용한 부분이 있다. 쇼펜하우어의 역설은 그의 철학을 읽다 보면 염세주의가 이보다 좋을 수 없는 긍정이라는 사실이다. 인생은 행복해야 한다는 전제부터가 잘못된 규준이라는 것. 하여 그토록 행복에 대한 강박과 닦달에 시달리는 것은 아닐까? 그것을 당연히 전제되어 할 가치로 여기기 때문에, 행복하지 않은 상황에 박탈감을 느끼는 것은 아닐까? 기쁘지 않은 기분이 곧 슬픔은 아니듯, 행복하지 않음이 곧 불행은 아님에도….

쇼펜하우어로부터 뻗어 나와 끝내 결별을 고한 니체도, 고통을 삶의 한 부분으로 받아들여야 도리어 고통에서 자유로울 수 있다는 모순의 전제만큼은 공유를 한다. 그러나 행복에 관해서는 보다 적극적인 태도로 말미암아 그와 갈라지는 것이기도 하다. 그의 긍정 철학이 제안하는 영원회귀적 태도는, 절망으로 인한 파괴와 몰락, 그리고 그 폐허 위에 다시 지어 올리는 디오니소스적 가치를 포함한다. 절망에 간단하게 주어지는 방법론들, 이를테면 오늘날 서점가의 담론을 수동적이고 체념적인 것으로 간주한다.

이빨이 아프다고 해서 그것을 무조건 뽑아 버리는 치과의사에게 우리는 찬사를 보내지 않는다. 치유로 보이는 것이 결국에는 그 치유의 대상이 되었던 병보다 더 독한 무엇인가를 낳았다. 즉각적으로 효과를 나타내는 수단들, 마취와 도취, 소위 말하는 위안들은 무지하게 치유책으로 여겨졌다. … 그대는 가능하다면 고통을 물리치기를 원한다. 그런데 실제로 그렇게 함으로써 오히려 고통을 증폭시키고, 그 전보다 더 악화시킨다.

정신분석의 치료법도 무의식에 숨어 있는 상처를 의식의 차원으로 끌어올려야 제거도 할 수 있다는 논리다. 상처와 직접 대면하는 것이다. 담판을 짓고자 해도 상대가 보여야 뭘 하든지 말든지 할 것 아닌가. 따라서 회피가 능사는 아니라는 것. 이런 연유로 니체가 에피쿠로스 학파의 '정신적 쾌락'을 비판하기도 한다. 그들은 낙천을 유지하기 위해 현실을 도피한다. 실상 현실을 괴로워하면서, 정작 실감하지도 못하는, 자신들이 할 수 없는 것들을 말로 떠든다. 뇌과학에 따르면, 위선을 행할 때도 만족감을 느낀다. 그럴 때도 도파민이 분비가 된단다. 일종의 중독, 의존 증세다.

피할 수 없으면 즐기라는 말. 피할 수 있었다면 진즉에 피했어야지. 그러나 피할 수 없기에 고통이고, 즐길 수 없기에 절망이기도 한 것이다. 실상 우리는 절망조차 자신에게 최적화된 타성의 방식을 취하려 든다. 어차피 고통인 것을….

니체가 사랑한 문인 스탕달의 어록을 인용하자면,

"당신은 인간의 행복에 대해 아는 것이 참으로 적다. 그 이유는 행복과 불행이란 자매, 더 나아가 둘이 함께 성장하거나 아니면 당신의 경우처럼 함께 성장을 멈추고 시시한 존재로 남는 쌍둥이이기 때문이다."

고통을 통과함으로써 얻는 부산물이 행복이다. 카뮈의 어록으로 부연하자면, 삶에 대한 절망 없이는 삶에 대한 사랑도 있을 수 없다. 이를테면 항체 같은 것. 직접 앓아 보고 알게 되는 가치들이다.

그러니 그 고통을 견뎌도 볼 것. 어떻게 하고 싶은 대로만 하고 살면서 행복이 다가올 것이라고 기대하는가. 그도 삶에 대한 너무도 게으른 태도가 아닐까? 그렇게 쉽게 발견할 수 있을 행복이라면, 그 가치의 지속성이 얼마나 되겠냐 말이다. 훌훌 털어 내겠노라 떠난 여행도 결국 다시 돌아올 자리를 위한 여정이 아니던가. 저 너머의 희망도 지금 여기의 절망 속에서 찾아내야 할 쌍둥이 자매는 아닐까?

◆━━━━◆◆◆━━━━◆

한 뼘도 채 안 되는 오늘을 소유한 우리는 그곳에서 왜, 무엇 때문에 우리가 바로 지금 생겨났는지를 보여 주어야 한다는 저 설명 불가능한 우리의 실존 말이다. 우리는 자신 앞에 우리의 실존을 변명해야 한다.

존재의 이유에 대한 해명과 증명. 그 대답으로서의 쇼펜하우어와 니체의 철학은 일종의 영웅 서사다. 니체는 그 실존을 무모하고 위험하게 다루어야 한다고 말한다.

니체는 쇼펜하우어의 '염세주의'를 도약의 도구로 삼는다. 물론 그것을 통한 긍정으로 나아간다는 점이 쇼펜하우어와의 차이이지만, 기존의 가치체계를 전환, 전복할 수 있는 힘이 '부정'이다. 니체의 긍정은 기독교적 '긍정의 힘'이 아니라, 부정을 지렛대 삼아 나아가는 긍정이다.

니체가 말하는 '쇼펜하우어적 인간'은 실존에 자신을 내던질 수 있는 성향들이다. 듣고 싶은 희망의 말들, 듣기 좋은 행복의 말들, 그런 긍정의 복음 속에 지치다 퇴락하는 경우가 얼마나 많은가 말이다. 쇼펜하우어는 인생의 전제를 '행복하지 않음'에 두고서, 삶을 '덜 불행한' 시간들로 채워 나가려는 노력으로 설명한다.

인생의 전제가 행복이 아니라면, 그것은 당연히 주어지는 것이 아니다. 배우는 것이며, 쟁취하는 것이며, 그 또한 역량과 재능의 효과다.

스스로 이루어 낸 것들은 얼마나 소중한가. 철없는 부잣집 아들을 깨닫게 하려고 그의 아버지가 힘들게 돈 버는 경험을 하게 했는데, 아들이 벌어 온 돈을 아버지가 불 속에 던졌더니 아들이 불 속을 헤집으며 돈을 주웠다는 이야기. 행복도 그렇다. 스스로 쟁취한 것들에만 그 열쇠를 자신이 쥘 수 있다. 그 열쇠를 타인이 쥐고 있는 경우가 얼마나 많은가. 니체의 말을 빌리자면, 우리는 '사랑할 만한 것'보단 '자랑할 만한 것'에 집착하다 보니 자신이 정말 무엇을 잘 하는지를 알지 못한다.

그런 타자의 담론에서 자유로워질 수 있는 영웅적 서사, 이것이 니체가 말하는 '초인'의 자격이다.

니체와 쇼펜하우어를 빌렸을 뿐, 그렇게 신선한 내용도 아닐 것이다. 이미 숱하게 들어 온 이야기니까. 그러나 '아는 것'과 '사는 것'의 차이, 그 극간에서 영웅의 신화도 만들어지는 것 아니겠는가.

아모르 파티
Amor fati

한병철 교수가 저서마다 강조하고 있는 '부정성'은, 헤겔의 철학을 변호하는 이들의 논지이기도 하다.

우리 앞에 다가오는 부정적 현상은 그만큼의 긍정적 가능성도 담지하고 있다. 그 어떤 간절함에도 이루어지지 않는 사랑은, 서로에게 성숙할 시간을 요구하는 부정성인지도 모른다. 조금 더 성숙된 모습이 되어 다시 만나게 되거나, 그 성숙된 사랑으로 진정한 인연을 비로소 만나게 되거나…. 사랑은 많은 것들을 가르쳐 준다. 아직 이루어지지 않은 사랑과 이미 부서진 사랑은 더 많은 것들을 가르쳐 준다.

Amor fati, 삶을 사랑한다는 것, 니체는 이것을 사유와 삶에 관한 하나의 정식이라고 말한다. 삶을 사랑한다는 것은 삶을 건강하게 만드는 것이다. 자신의 운명을 하나의 작품으로 만드는 예술적 행동이다. '삶을 사랑하는 철학은 변화하는 건강상태를 횡단하는 변모의 예술'이며, 건강은 '단지 보유하는 것만이 아니라 끊임없이 새롭게 획득하고 계속 획득되어야만 하는 그런 것'이다. 삶을 변화시키는 예술로서의 건강한 철학은, 부정을 외면하는 것이 아니라 부정을 통해 변모하는 것이다.

이를테면 『오즈의 마법사』와 같은 서사다. 노란 벽돌길을 따라가다 만난 마음이 없는 양철나무꾼과 지혜가 없는 허수아비 그리고 용기가 없는 사자는, 도로시 자신이 딛고 서 있는 '지금 여기'가 투영된 상징들로 볼 수도 있다. 그렇게 힘들게 찾아간 오즈에 결국 마법사는 없었다. 그러나 그 길 위에서 마주친 순간들이 이미 그 자체로 마법이었다. 사랑과 지혜와 용기를 얻을 수 있었고, 도로시는 다시 캔사스로 돌아올 수 있었다.

이 스토리텔링을 낯선 경험들 속에서 성장을 거듭한 후 다시 제자리로 돌아온 소녀의 성장통으로 해석한다면, 양철나무꾼과 허수아비와 사자는, 사랑과 지혜와 용기는 한층 어른스러워져 돌아온 도로시 자신의 심적 변화다. 어느 날 캔사스 외딴 시골집에 불어닥친 태풍은 도로시에겐 변모를 선사한 '사건'이었던 셈.

방황도 필요하다. 더욱 성장한 후에 언제고 다시 돌아갈 테니까. 어차피 자기 맘대로 되지도 않기에 절망인 것이고 제자리로 돌아가기 위해서 방황으로 둘러 가는 것이기도 하다.

멀리 항해하는 배가 풍파를 만나지 않고 조용히 갈 수만은 없다. 풍파는 언제나 전진하는 자의 벗이다. 오히려 고난 속에 인생의 기쁨이 있다. 풍파 없는 항해, 이 얼마나 단조로운가! 고난이 심할수록 내 가슴은 뛴다.

니체에게 있어 고통이란, 삶이 가져다주는 희열의 조건이다. 치이고 터지고 꺾이고 까였던, 아픔으로 짊어지고 올 수밖에 없었던 실패와 착오의 기억들이 조금 더 나은 당신을 존재케 하는 무한의 가능성들이다.

태풍이 모든 것을 뒤엎고만 가는 것은 아니다. 윗물과 아랫물을 갈아 주어 바닷속의 용존산소량을 늘리고 어획량을 늘린다. 태풍은 어민들에게는 고통이지만, 태풍이 찾아오지 않는 여름은 더 큰 걱정이다. 가지치기를 하는 이유는 나무의 본줄기가 더욱 잘 자라게 하기 위함이다. 나무는 상처에서 머물지 않고 성장의 의지로 뻗어 나간다.

일어나는 것, 되어 가는 것과 바라고 원하는 것 사이에서의 괴리. 그러나 이 길 위에서도 어떤 미래와 마주칠지는 알 수 없는 일이기에, 이왕 들어선 길이라면 또 기꺼이 열심히 걸어가 보는 거다.

어떤 경우에도 어떤 식으로든 삶은 이어진다. 꺾이면 꺾이는 대로 늦으면 늦는 대로, 삶은 기회와 행운을 선사한다.

어느 심리학자의 조사 결과, 우리가 하는 걱정의 30%는 이미 지나간 일, 40%는 결코 일어나지 않을 일, 22%는 별것 아닌 사소한 일, 나머지 8%는 아직 생기지도 않은 일이라고 한다. 그렇다면 이 심리학자는 무슨 걱정에서 이런 조사를 했던 것일까? 결코 일어나지 않을 일과 별것 아닌 사소한 일의 기준이 도대체 무엇이란 말인가. 그렇다고 보통 사람들이 지구멸망의 시나리오를 걱정하면서 살아가는 것도 아니며, 별것 아닌 사소한 원인들이 큰 재앙을 불러들이는 경우가 비일비재한데 말이다.

니체는 이런 이유로 연구실에만 들어앉아 연구에만 전념하는 학자들을 싫어했다. 문헌에 대한 해석과 그로부터 얻어지는 평균의 데이터에만 몰두할 뿐, 개개인이 마주하고 살아가는 인문적 맥락을 전혀 고려하지 않기 때문이다. 니체의 표현을 빌리자면, '평균적인 인간의 삶을 척도로, 다른 모든 피조물의 삶을 측정하는' 그 모든 것이 오류다. 더군다나 이 경우에는 척도의 설정기준도 모호하다. 그럼에도 여간한 심리학 에세이들이 다 가져다 쓰는 긍정의 전형이기도 하다.

이미 지나간 일을 걱정하는 것은 그것이 어떤 결과를 가져올까에 대한 걱정이다. 하여 모든 걱정이 '아직 생기지 않은 일'의 동어반복이다. 그 걱정들을 동력으로 발전을 거듭해 온 철학, 종교,

문학, 예술의 역사이기도 하다. 걱정 없이 사는 것이 도리어 무지이고 나태일 수도 있거늘, 긍정의 명분으로 걱정의 행위에 그렇게까지 인색하게 굴 필요가 있을까? 걱정해도 된다. 근심해도 된다. 그 모두가 불안 속에서 어떻게든 뭘 해보려고 필사적으로 생각을 거듭하는 과정들일 뿐이다.

삶이 지닌 불확실성과 의외성이 건네는 불안과 걱정은, 살아 있음과 어찌 살아가야 할 것인가에 관한 각성이기도 한 것이다. 강을 떠내려가는 죽은 물고기처럼 흐름에 순응하는 것이 아닌, 살아 있는 것들이 허무의 물살을 거스르는 역동성이다. 실존철학의 계보들은 차라리 이런 불안 속에서 생각에 생각을 거듭하는 끝에 넓어지는 지평을 긍정한다. 하여 절망도 필요하다. 정말 위험한 것은 그 절망마저 놓아 버리는 평온함이다.

니체가 긍정의 철학자이면서 동시에 절망의 철학자라는 역설은, 키에르케고르와도 통하는 점이다. 절망은 죽음의 이르는 병이다. 그러나 병일 뿐 그 자체로 죽음이 아니다. 아픔이란 것은 몸이 보내는 경고의 메시지다. 더 가면 위험하니 거기서 멈추라는…. 아픔이 없다면 도처에 널려 있는 죽음이 다가오도록 그것을 깨닫지 못할 것이다. 차라리 아픈 와중에 왜 앓게 된 것인지에 대해 알게 되는 성찰도 가능하다. 지금 내 앞에 닥친 현실이 절망이라면, 절망의 의도대로 아파야 한다.

지옥으로의 초대

잇대어지는 시련의 와중에 오디세우스는 자신의 내일을 묻기 위해 지옥으로 내려간다. 『오디세이아』가 아니더라도, 그리스 신화에서는 종종 이 죽음의 세계가 삶의 해법으로 제시되는 경우들이 있다. 정신분석에서 말하는 죽음의 충동은, 안정성으로 믿고 있었던 가치체계를 무너뜨리며 다가오는 낯선 긴장감이다. 실상 무의식이 건네는 질문은 죽음이 아닌 삶에 관해서이다. 지금껏 견지해 왔던 확신을 내려놓은 후 밀려드는 혼돈, 그 흐릿해진 자의식의 경계 너머를 둘러보게 되는 것이다.

영웅도 어찌할 수 없었던 시련 앞에서는 타인의 지혜를 빌린다. 오디세우스 신화에서는 그 상징이 죽음의 세계를 떠돌고 있는 예언자의 혼령이었다. 지혜를 믿고 교만을 떨다가 신의 노여움을 사게 된, 그래서 지옥으로 떨어진 현자를 찾아가는 것이다.

숱한 영웅들이 이런저런 사연을 안고서 지옥을 방문한 후 삶의 능력치가 고양되어 돌아온다.

삶의 문제를 해결하기 위해 죽음의 경계를 넘었다가 돌아오는 것. 이런 신화소(素)가 상징하는 바가 무엇이겠는가? 오디세우스의 여정 내내 지혜의 신 아테나가 함께했듯, 시련 속에서 고양되는 문제해결력이 있다.

『맹자』에도 이런 말이 적혀 있다.

人之有德慧術知者 恒存乎疢疾(인지유덕혜술지자 항존호진질). 사람들 중에 덕망과 지혜, 숙련도와 지식을 갖춘 이는 항상 고난 속에 있다. (고난 속에서 만들어진다.)

◆―――◆◆――◆◆――◆

어느 시인이었는지는 기억나지 않는데, 그가 쓴 '웅덩이만큼의 하늘'이라는 표현. 웅덩이에 고인 만큼으로 걸려 있는 하늘빛. 나비는 애벌레의 시간을 포기한 이후에나 웅덩이 바깥의 하늘을 품을 수 있다.

어린 벌레가 맞닥뜨린 세상의 끝은 하늘을 준비하기 위함이다. 그러나 자신의 몸에서 실을 뽑아 지어 올리는 어둠이, 날개를 위한 시간임을 아는 애벌레가 있을까? 긴 기다림 끝에서 비좁은 갑갑함을 찢고 나오는 날에야 비로소 이해할 수 있을 것이다. 나뭇

잎 사이로 보이던 파란 조각 하늘빛 옆으로 더 큰 하늘이 가려져 있었다는 사실을….

날개가 만들어지기까지는 그 갑갑함이 열리지 않는다. 또한 열려서도 안 된다. 시장통의 번데기들이 지닌 운명이 그렇지 않은가. 번데기로 끌려 나오지 않는 한, 우리는 하늘을 준비해야 한다. 삶이 내게 날개를 달아 주기 위해 이토록 짙은 어둠의 시간을 요구하는 것은 아닐까? 그러니 그 어둠을 사랑하라. 물론 쉽지 않겠지만, 또 뭐 어쩌겠는가? 그런 믿음이라도 지니고서 또 힘든 하루를 견뎌 내는 수밖에….

여기 니체의 금언 하나, 나를 죽이지 못하는 것들은 나를 더욱 강하게 할 뿐이다.

『주역』에도 적혀 있길, 궁즉통(窮則通)인지라, 이전까지는 가능하지 않았던 것들을 닥치는 대로 해내게 하는 힘 또한 절망 속에 잠재되어 있다. 정녕코 나를 가로막고자 했다면, 거기서 날 죽였어야 했다. 아직까지 죽지 않았다는 건, 강해지고 있다는 의미일 게다. 그러니 네 절망을 사랑하라. 물론 쉽진 않겠지만, 또 뭐 어쩌겠는가? 그렇게 믿고 강해지는 수밖에, 그리고 이 힘든 세상의 끝까지 달려가 보는 수밖에….

〈드래곤볼〉에서 손오공과 피콜로 사이에 놓인 인물이 손오반이다. 사이언인의 피를 물려받은 2세의 첫 스승은 나메크인이었다. 초창기의 스토리를 기억하는 분들이야 다 아는 내용이겠지만, 여차저차해서 4살배기 오반에게서 전사의 싹을 발견한 피콜로는 오반을 데려가 트레이닝을 시킨다. 그 첫 번째 단계는 그냥 야생에 던져 놓는 것이었다. 거기서 살아남는 일 자체가 전사로서의 영점을 다지는 시간이었다. 기술을 익히는 것은 그다음에나 가능한 '자격'이었다.

니체는 체계의 명분을 거북스러워했다. 그 체계만큼으로 한정된 범주 내에서만 고민하는 방법론이라는 이유에서…. 체계에 익숙한 이들은, 그 체계 밖으로부터 도래하는 우연 앞에서는 다시 막연해진다. 오히려 이전부터 막연을 헤쳐 나가고 있던 이들보다 절망에 더 취약하다. 그 와중에 내놓은 자구책이라곤 다시 체계로 회귀하는 것이다.

차라리 막연과 우연을 통해 더 많은 역량들을 획득하게 된다. 물론 그 역량들이 앞으로의 삶에 효율성이냐의 문제는 또 다른 이야기이긴 하지만, 어쨌든 할 줄 아는 게 많아질 수밖에 없는 조건이긴 하다. 이미 결정(決定)되어 있는 체계를 따르는 것이 아니라 항상 결정(結晶)되어 가는 과정을 산다. 쉽지 않은 길을 걸어

온 만큼이나 삶을 더욱 사랑할 수 있는 각자의 철학이기도 할 테고….

돌아보면 맨땅에 헤딩도 헛되지 않은 순간들이다. 막상 헤딩을 하고 있는 순간들이 죽겠어서 그렇지, 부단한 반복 속에 이마는 더욱 단단해지며, 지질에 관한 보다 많은 지식이 쌓인다.

인생이 재미있는 건, 관계의 역학이 언제 뒤집힐지 모르는 일이라는 사실 때문인지도 모르겠다. 나를 그토록 괴롭히던 길이 어느 순간 살 길을 열어 주기도 하고, 그토록 나를 조롱하고 무시했던 이들이 내게 아쉬운 소리를 늘어놓는 날이 다가오기도 한다. 그런 굴욕의 날들을 견뎌 낸 이에게 또 영광의 날들도 허락되는 것 아니겠나?

그 모두가 나를 강하게 만드는 것이라는 믿음으로, 또 오욕으로 얼룩진 하루를 다독이는 것. 당신에게는 딱히 선택권도 없다. 그래서 그것이 절망인 것이기도 하다. 강해지는 것 이외에는, 체념의 결론밖에 되지 않는다.

◆ — ※ —◆◆◆— ※ — ◆

니체는 이렇게 말했다.

언젠가 새로운 천국을 세워 본 적이 있는 사람은 누구나, 그것을 세우기 위한 힘을 그 자신의 지옥 속에서 발견했다.

천국도 지옥의 질료로 만들어진다. 천국은 장차 도래하는 것이 아니라 이미 도래해 있는 지옥으로부터 지어 올리는 것이다.

어차피 다시 돌아갈 수 없다. 절망과 좌절로 부서진 폐허에 후회와 미련으로 흩어지는 삶의 파편들, 그것을 짓이겨 만든 벽돌을 쌓아 올려 다시 미래를 만들어 갈 수밖에 없다. 우리가 욕망해야 할 것은 부서지기 전으로의 회복이 아니라 부서진 것들을 통한 극복이다.

니체가 정의하는 천재란 오랜 시간 동안 축적된 힘이다. 잔바리 같은 폭발을 절제하며 오랫동안 보존해 온 폭발력이 결정적인 순간에 터져 나오는 결과다. 지금까지 그대가 놓친 숱한 기회는, 잔열이라도 방출하며 자신을 드러내고자 했던 당장의 급급함이었는지 모른다. 그것은 세상을 바꾸는 열정이 아니라, 세상에 이용당하는 열에너지다. 니체의 말마따나, 폭발의 덕을 보려 달라붙는 이들을 위해 스스로를 탕진하는 일이다.

아직 폭발의 기회를 제대로 잡아 보지 못한 그대가 차라리 천재의 자격인지 모른다. 스스로를 천재로 믿고 있다면, 제대로 보여 줄 기회를 놓친 것이 아니라, 조금 더 농축되어야 할 시기이며 폭발의 때가 아직 도래하지 않은 것이다.

니체가 이르길, 언젠가 많은 것을 말해야 하는 이는 많은 것을 가슴속에 말없이 쌓아둔다. 언젠가 번개에 불을 켜야 할 사람은 오랫동안 구름으로 살아야 한다.

　모든 구름이 다 번개를 지니고 있는 것은 아니다. 비를 머금고 있는 먹구름도 침묵으로 지나가기 일쑤다. 하늘이 나의 자리가 되는 것도 잠시, 다시 비가 되어 땅으로 내리고, 개울이 되고 강이 되는 순환을 반복한다. 다시 구름이 되어도 번개의 운명은 아닐지 모르는, 우연에 비껴 가고 필연에 물러서 있는 이 빌어먹을 놈의 삶. 다 되어 가는 듯하다가도 또다시 제자리, 이루어지는가 싶다가도 다시금 원점으로 돌아가야 하는….

　하지만 그런 게 삶이고 세상인 걸 또 어찌겠는가. 이럴 필요까지 있을까 싶을 정도로 몰아붙이는 그 불필요가, 언제고 번개로 화(化)하는 단 한 번의 우연을 위한 필요인지도 모르고….

08

청춘에 관하여

젊다는 이유 하나만으로도 아름다울 수 있는 시간 청춘, 그 따스한 봄날이 이렇게 지나간다. 당신도 이미 무언가로 피어 있었을지도 모른다. 하지만 세상은 절정으로 피어난 당신의 화려함을 보아주지 않았다.

꽃으로 이름이 붙여진 식물도 있고, 열매로 이름이 붙여진 식물도 있다. 화려함으로 피어나는 삶도 있지만, 내실로 거두어들이는 삶도 있다. 그대가 가진 역량은 꽃이 아닐지 모른다. 그대의 계절은 꽃보다는 늦게 도래할 수밖에 없다. 본질이 꽃이 아닐진대, 이른 계절을 욕망한다고 해서 본인이 보여지는 것도 아니다. 자칫 덜 익은 풋과일로 본인의 가치가 평가절하 되는 우를 범할수도 있다.

꽃들조차도 모두가 같은 시간에 꽃을 피우진 않는다. 봄 매화,

여름 난초, 가을 국화, 겨울 대나무, 분명 이들 사군자처럼 자신으로 대표되는 계절이 찾아올 것이다. 자신이 무엇인지, 지금이 인생의 어떤 계절인지를 모르는 막연함이 답답하겠지만, 저 사군자 중에 자신의 계절임을 알고 피어나는 것들이 있겠는가? 자신의 때가 도래한 이후에야 비로소 자신이 무엇인지를 깨달을 수 있을 것이다.

니체는 당시에 이해되지 못했던 자신의 철학을 별빛에 비유한다. 지구로부터 먼 거리로 떨어진 별의 빛은 아직 오고 있는 중이다. 그 빛이 누군가의 시선에 맺히려면 조금 더 시간이 필요하다. 그대는 이제 막 빛나기 시작했다. 그대는 아직 시선 너머의 빛이다. 니체의 표현을 빌리자면, 그대는 너무 일찍 왔다. 그대의 때는 아직 도래하지 않았다.

니체가 지적하는 현대인의 특징은, 시간이 없다는 것이다. 그래서 기다림에도 취약하다. 그것이 위대한 일을 할 수 없는 이유이기도 하다. '잉태할 수 있는 깊은 침묵'을 소유하지 못한 채, 그저 사건에만 쫓겨 다니다가 자기 자신은 닳아 없어지고 만다.

✦ ⎯ ◈⎯ ◈ ⎯ ◈ ⎯ ✦

'봄에도 뒷모습이 있다면, 바로 그런 모습이 아닐까?'

김연수 작가가 한 소설에서, 바다로 부서져 내리는 벚꽃잎들에 대한 감흥을 적어 놓은 구절이다. 뒷모습마저 아름다운, 아니 뒷모습이 더 아름다운, 바람으로 흩어지는 봄빛. 도연명이 그렸던 도화원의 이상향이 이런 모습이지 않았을까? 봄의 풍경으로 써 내린 문학사적 의의도 청춘을 향한 대문호의 그리움이 덧대어진 결과는 아니었을까?

靑春, 푸른 봄. 우리의 뒷모습 또한 그렇게 아름다웠으리라. 하지만 서투른 열정의 매무새로 앞만 보며 달려오다 보니, 봄이 그렇게 사라져 가고 있음을 알지 못했다. 봄의 중심에서 미처 봄의 풍광을 만끽하지 못하는 시간, 지나오고 난 후에야 그리움으로 뒤돌아보는 시절. 그렇듯 청춘은 누구나에게 뒤늦게 발견되는 뒷모습이다.

니체는 30대를 인생의 봄에 비유한다. 어떤 날은 너무도 따스하지만, 또한 아직 완벽하게 물러가지 않은 겨울의 추위가 간간이 기승을 부리는…. 20대를 여름으로 배치한 이유가 재미있다. 서서히 여름이 다가오고 있음을 깨닫는 늦은 봄의 어느 날처럼, 멀어져 가는 20대의 뒷모습을 뒤돌아보게 될 즈음에야 비로소 지나간 날들이 내 인생의 가장 열정적인 시절이었음을 깨닫는다.

아껴 써도 모자랐을 판에, 생각 없이 써버리고 나서야 텅 비어 버린 청춘의 주머니를 뒤적거리며 아쉬워하는 미련함. 어느 노랫말처럼, 젊은 날엔 그것이 젊음인 줄 모르고, 깨달은 이후에는 또 하루 멀어져 가고 점점 더 멀어져 간다. 머물러 있는 청춘인 줄 알았는데…. 인생의 중심으로부터 점점 더 언저리로 밀려나며 평생을 그리워하는 에버그린의 짙푸른 소실점. 니체에게도 청춘은 가슴 시리도록 아름다웠던 시간이었다.

청춘이란, 정확히 말하자면 사기이며 허상이다. … 10년이 지난 후에야 비로소 깨닫는다. 이것이 청춘이었음을….

청춘이 아닌 자들에 의해 정의되는 청춘은, 다소 강박의 증상처럼 느껴지기도 한다. 이렇게 저렇게 살아야 하는 시간이 청춘이라며, 자신 같으면 그 소중한 시간을 그렇게 소비하지 않았을 것이라며 닦달하고 있는 듯한 뉘앙스들은, 자신이 보낸 청춘에 대한 자부심일까? 후회일까? 혹 이미 제 적량의 젊음을 다 써버린 자들의 질투 같은 것은 아닐까?

정작 어린 시절에는 청춘이란 단어를 입에 잘 담지 않았었다. 이젠 입에 붙을 정도로 빈번히 불러 대는 청춘은, 그만큼이나 젊음에서 멀어진 자신을 증명하고 있는 '비청춘'의 흔적이기도 하다. 청춘이란 단어는 청춘이 아닌 자들의 소유물이다. 젊다는 사실 그 자체로 이미 봄의 한 표현으로 살아가는 시간이기에, 청춘들이 한 발자국 뒤에서 봄을 관망할 이유는 없다. 그 자리가 청춘인 줄 모르고 살아가는 좌충우돌의 시간이 청춘의 자격이기도 할 것이다. 시간에 대한 규정은 추억으로 돌아보는 자들이 아닌, 현재로 부딪히고 있는 자들에 의해 이루어져야 하는 것이 아닐까?

❖━━❖━━❖❖❖❖━━❖━━❖

아름다움이 물었다.

"신이여, 저는 왜 이토록 허무하게 소멸해 가는 운명이란 말입니까?"

신이 대답했다.

"나는 다만 허무하게 사라져 갈 것만을 아름답게 만들었다."

사랑의 꽃과 이슬과 청춘이 이 말을 듣고 울먹이며 제우스 앞에서 물러 나왔다.

청춘에 관한 괴테의 글이다. 무한하게 주어진 것이라면, 아름다운 시간으로 돌아볼 리도 없다. 실상 어떻게 지나왔어도 아쉬운 시간이었을 테지만, 그것이 과연 내 최선이었나를 돌아볼 때마다 넘쳐나는 후회들. 내게 남아 있는 날들 중에 가장 젊은 오늘이라는, 청춘에 관한 흔하고도 닳아빠진 표현들. 다시 이 순간을 돌아볼 때에는 최소한의 후회로 회상할 수 있도록, 최대 출력의 아름다움으로 지금을 살아야 할 테지만, 이미 우리는 경험적으로 알고 있다. 몇 년 후 가장 젊은 오늘에도 이러고 있을 거라는 사실을….

　니체는 말한다. 뒤늦게 젊음을 누리는 사람이 그 젊음을 오랫동안 유지하는 법이다. 청춘의 소중함을 깨달았다면, 지금의 그 노회함부터 버리시길. 젊어질 수는 없어도 젊은 감각으로 살 수는 있지 않겠는가.

나에게 쓰는 편지

인간으로서, 음악가로서, 문헌학자로서, 작가로서, 철학자로서
—나는 지금 이 모든 것에서 그것들이 나와 관계하고 있음을
알게 되었다— 똑같다. 어디에서나 똑같다.

『유고』에 적혀 있는 어록이다. 겪어 온 모든 시간의 총체성이,
순간을 바라보는 방법이기도 하다. '인간'이란 범주를 모두와의
공통분모라 치면, '음악가로서'를 가장 앞세우고 있는 것이다. 어
렸을 적부터 작곡을 했다는 일화도 유명하지만, 음악에도 재능이
있다고 자부했다. 그 음악적 재능을 포기하면서 몰두한 철학은
니체에게는 일종의 기회비용이었다.

개인적으로도 어릴 적에 음악 쪽으로의 꿈을 지니고 있었지만,
니체라는 이름이 처음으로 가슴에 확 와닿았던 계기도 음악을

통해서였다. 초등학교 때 TV에서 보았던, 신해철의 〈나에게 쓰는 편지〉 무대. 그 영상을 유튜브에서 찾았다. 그가 올라탄 크레인이 기억난다.

'고흐의 불꽃같은 삶도, 니체의 상처 입은 분노도'

그 어린 나이에도, 내레이션과도 같은 이 랩이 어찌나 멋지게 들리던지. 그때만 해도 내 미래가 이런 모습일지는 몰랐는데, 어찌 됐든 내게 니체의 시작은 저 지점이다. 사춘기 목전에, 아직은 동심이 남아 있었던 시절. 내겐 프루스트의 『잃어버린 시간을 찾아서』를 이해하게 하는 직접적인 사례이기도 하다.

T. S. 엘리엇은 이렇게 말했단다.
"돌아보면 시작점에 이미 대답이 놓여 있다."

어떤 면에서는 과거의 '나에게 쓰는 편지'이기도 하다. 수신자 곁에 선명하지 않은 대답이 놓여 있기도 하다.

가끔씩은 그런 생각도 해본다. 내가 어쩌다 이 길을 택하게 된 것일까? 선택을 했던 순간에도 그 이유가 명확하진 않았는데, 이젠 그 순간의 기억마저 가물가물하다. 니체가 비판했던 체계를, 누구보다도 욕망하며 살아가던 시간이 있었다. 돌아보면 도리어 그에게 매료된 이유 중 하나였던 것 같다. 내 스스로가 그런 부조리를 안고 있었기에, 차라투스트라의 동굴 안에 모인 군상들이 뼈 때리는 비유처럼 느껴졌는지도 모를 일이다.

니체가 말하길, 아무것도 버릴 수 없는 자는 아무것도 느낄 수 없다.

지금이라고 아예 없는 건 아니다. 니체가 추구했던 초인, 그 궁극의 지향처인 아이의 시간을 글로 담아내기엔 나는 그렇게 순수하지 않다. 그러나 이젠 내 잃어버린 시간을 돌아보면서 반성의 거리를 유지할 정도는 된다. 나의 동굴 안에 피운 모닥불 앞에 니체가 앉아 있다.

'신해철의 음악을 듣는 소년은 어른이고 신해철의 음악을 듣는 어른은 소년이다'는, 팬들 사이에서 꽤나 유명한 이 말은 그 자체로 니체의 철학이다. 어쩌면 이 기획의 시작인, 그 별명 자체가 '선악의 저편'인 '마왕'을 기리며….

니체, 강자의 철학

파괴는 진화의 시작이다

글 민이언
발행일 2025년 4월 20일 초판 1쇄

발행처 디페랑스
발행인 노승현
책임편집 민이언
출판등록 제2011-08호(2011년 1월 20일)
주소 서울특별시 마포구 양화로81 320호
전화 02-868-4979 팩스 : 02-868-4978

이메일 davanbook@naver.com
홈페이지 davanbook.modoo.at

ISBN 979-11-94267-25-6 03160

* 「디페랑스」는 「다반」의 인문, 예술 출판 브랜드입니다.